馬場さんの話、もっと聞かせてください

語り手 **馬場元子**

聞き手 **棚橋和博**

インタビュアーとして我ながら現役感があるが、
ァンではない。
と、馬場さんが作り上げた“王道プロレス”
だ。それだけではない。
べく産声をあげた
てしまった。
かもしれない――僕にはそう思えてならないのだ。

しまったお家騒動。
して三沢光晴を社長とした新団体ノアの旗揚げ。
光晴に託された――そんな風に僕は捉えていた。
たが、
育館グリーンアリーナのリング上での事故により、
てしまった。
であった。
青。この3人の死でプロレス
ノの看板をおろした
持つプロレスラーがいないわけではない。
レス界全体を見渡せる新たな牽引者
ではないかと、
るその兆候はない……
ままだ。

て頂いたのは、

た。
て、
であった新間寿らをゲストに招き、

編集者・棚橋和博が遺した「まえがき」の草稿。手書き部分は、結局原稿にされなかったが、本書出版に向け推敲に推敲を重ねていた様子が伝わってくるようだ。

発刊にあたって

まず本書を手に取っていただいた皆様に、発行元として心より御礼申し上げます。
ただ、新刊ではありますが、本書は通常とはちょっと違う経緯で世に出るので、
その説明から始めさせてください。

本書は、弊社の前社長・棚橋和博が、ジャイアント馬場さんの生涯のパートナーだった
馬場元子さんにインタビューした原稿をまとめた書籍です。
馬場さんが亡くなった3年後の2004年から馬場さんの十三回忌後の2012年まで、
東京のご自宅や馬場さんが好きだったザ・キャピタルホテル東急、
弊社がある新潟市のホテルオークラ新潟などで
8年間に計6回のロングインタビューを行ない、その会話のほぼ全てを原稿化したものです。

当初は馬場さんの十三回忌に合わせての出版が計画されていたのですが、
元子さんが病に倒れられ、機を逸することに。
その後、残念なことに元子さんが2018年に旅立たれ、
聞き手であり本書のプロデュースを一手に担っていた弊社棚橋も、病で2021年に他界。
その時点で出版自体、幻になったのですが…、
今年2024年春、棚橋家のご遺族から、もともと棚橋が出すつもりだった本書の構成と、
ほぼ完成版と思われる原稿データが入ったUSBを発見した、と連絡が入ります。
奇しくも今年は、ジャイアント馬場さんの没後25年&元子さんの七回忌という節目の年。
元子さんの姪であり、当時のインタビューに立ち会われてサポートをされていた緒方理咲子様が、

馬場さんの権利を管理する（株）H.J.T.Productionの役員でいらっしゃるご縁もあり、「故人二人の言葉をできる限り手を加えず、話した当時のまま掲載しましょう。それを今、世に出す意味はきっとあるはず」と、止まっていた時計の針が動き出します。

そうして、十数年前にほぼ完成していた棚橋のインタビュー原稿（本文のみならず「まえがき」もすでに書き終えていました）をすべて、緒方様にもご確認いただき、貴重なお写真も多数お借りしながら、今回の出版が実現したわけです。

この場を借りて、改めて緒方様＆H.J.T.Production様に感謝いたします。

元子さんは公私共に「馬場さん」と呼んでジャイアント馬場氏を支え続ける人生を送られました。

弊社棚橋は、そんな馬場さんを、レスラーとしてだけでなく、全日本プロレスの社長としての哲学、そして人間としての生き方や考え方に深く心酔していました。

実は馬場さんご本人に直接話を聞く機会がなかった棚橋にとって、これら元子さんへのインタビューは、まさに本人の編集者人生を賭けて挑んだものに違いありません。

ジャイアント馬場さんの生き方や考え方を生涯のパートナー元子さんが語ったリアルな言葉の数々は、二十年近い時を経て、語り手も聞き手も天に召された今でも——

いや、今だからこそ、読む価値があるものだと我々は信じていますし、その想いを読後に多くの方々にも共有していただけたら、出版社として最良の喜びです。

「ジャイアント馬場よ、永遠に」——馬場さんに魅せられた全国のファンの皆様に、本書を捧げます。

２０２４年７月
株式会社ジョイフルタウン

プロフィール

ジャイアント馬場 ジャイアント ばば

（1938年1月23日―1999年1月31日）

新潟県三条市生まれ、本名・馬場正平。三条実業高校時代より豪速球投手として鳴らし、昭和30年（1955年）に読売ジャイアンツに入団。昭和35年（1960年）春の大洋ホエールズのキャンプ中に大怪我を追い、プロ野球の選手生活を断念。同年4月、力道山道場に入門し、プロレスラーに転向する。力道山の後継者として、二度の渡米武者修行に出かけ、日本プロレスのエースとして活躍。昭和47年（1972年）には全日本プロレスを設立。昭和49年（1974年）に権威あるNWAヘビー級王座のタイトルをアジア人として初めて獲得するなど、名実ともに日本のプロレス界を牽引していく。その後、平成10年（1998年）までリングに上がり続け、生涯国内通算5759試合を闘った偉大なレスラーである。

馬場元子《ばば もとこ》

（1940年1月2日―2018年4月14日）

兵庫県明石市生まれ。神戸山手女子学園短期大学卒業。昭和30年（1955年）、15歳のときに当時野球選手だった馬場正平と出会う。昭和41年（1966年）から平成11年（1999年）まで公私ともに最強のパートナーとして、「明るく、楽しく、激しいプロレス」を実践するジャイアント馬場を支え続けた。

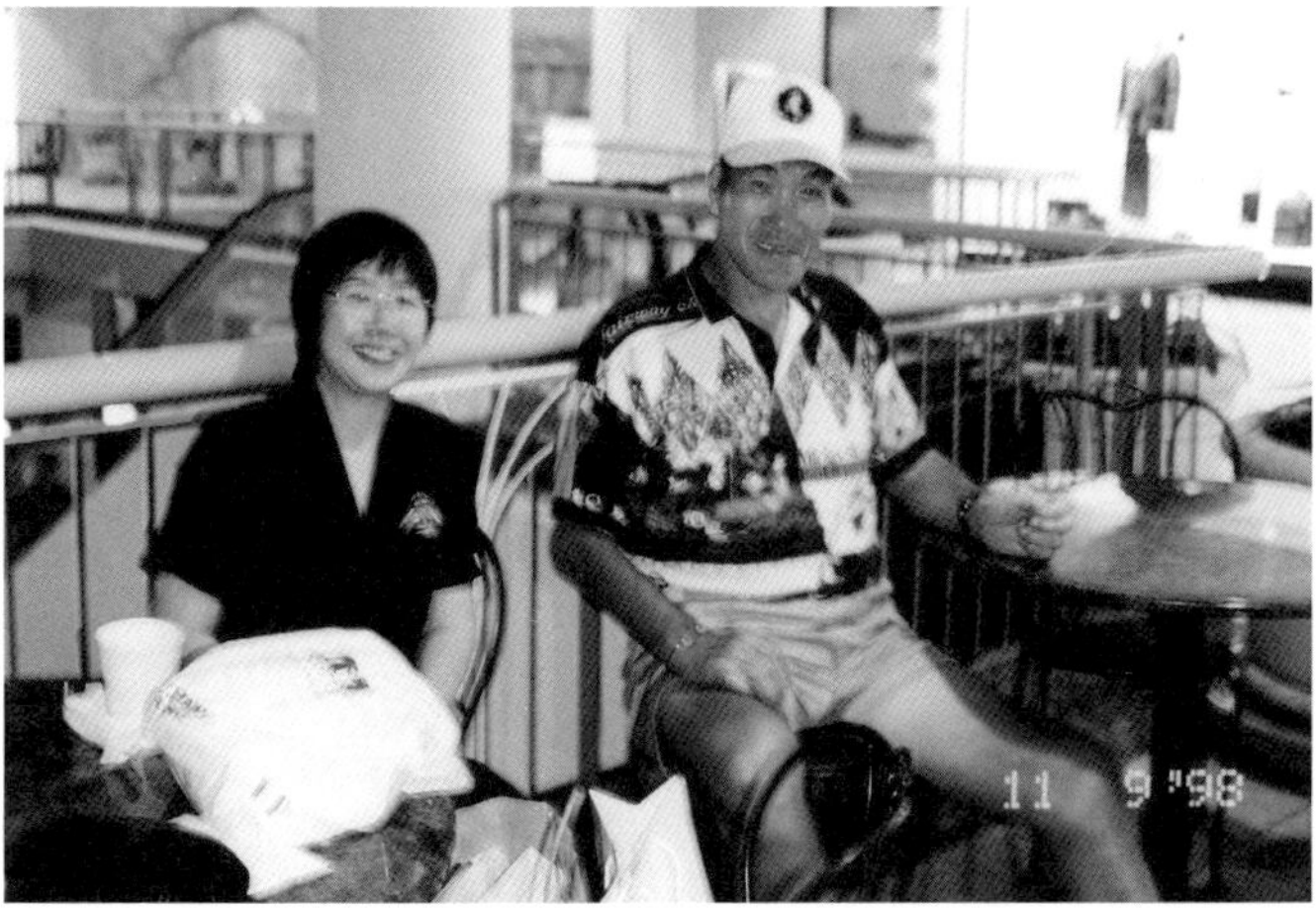

ジャイアント馬場さんと元子さん最後のハワイ、そして最後の写真（1998年11月9日）

目次

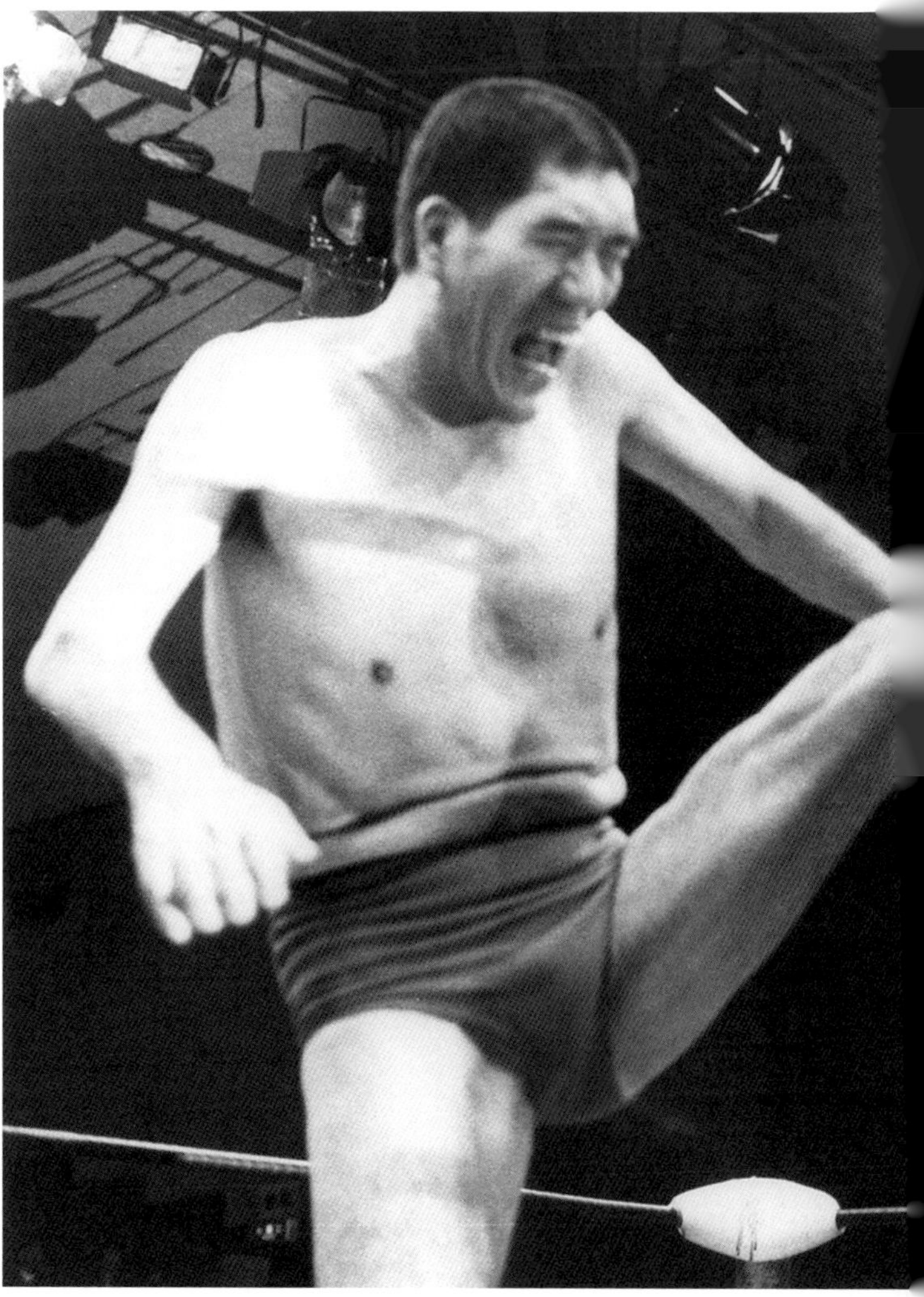

まえがき

僕が暮らしている新潟の昭和40年代中頃までのテレビ局は、
NHK2局と民放あわせて3局と、チャンネル数は非常に少なかった。
当時の地方というのは、どこでも大体そんなものではなかったかと思う。
録画機器などなかった時代だけれど、「ウルトラQ」や「巨人の星」など、
ストーリーや登場人物、怪獣などを鮮明に記憶しているのは、
当時のテレビと子供との濃密な関係を表していると思う。
〝かじりついて離れなかった〟という言葉以外みつからない、
それほどの影響力を持っていた。
見逃したら二度と見られないという切迫感は相当なものであった。

僕が小学6年生の、とある日、新潟にふたつめの民放局が開局した。
学校から帰ってきて、期待に胸を躍らせながらつけたテレビに
映し出されたのがプロレスだったのだが、
それまで僕が知っているプロレスとは全く異なるプロレスだった。

まばたきをするのを忘れていたほど強烈な印象を僕に与えた。

いや、プロレスというよりも、ジャイアント馬場——その圧倒的な存在に釘付けになったと言った方が正しい。


それまで唯一の民放局でもプロレスは放送されていた。

TBS系だったから、それは国際プロレスだったと後で知ることになる。

豊登やサンダー杉山、グレート草津など、いぶし銀のような職人レスラーを揃えた団体であった。

今から思えば、何と贅沢な大人向けのプロレス団体であろうか。

ルー・テーズやダニー・ホッジ、ビル・ロビンソン、そしてモンスター・ロシモフ(のちのアンドレ・ザ・ジャイアント)ら一流のプロレスラーを見ることができたのも国際プロレスのお陰だ。

でも、職人だろうが、欧米で一流であろうが、馬場さんのプロレスは別格だと子供の目にもよくわかった。

対戦相手はブルート・バーナードかスカル・マーフィのいずれかだったと思う。

どちらも狂気的なキャラクターを誇る、小学生にとってはいわゆる恐怖心を抱くプロレスラーである。
でも、馬場さんなら何の問題もないと思わせる、安心できる強さがあった。
ダイナミックさとスピード——あれだけの身長がありながら、
そう思わせるプロレスを魅せるのだから、ケタ外れであったと思う。
父に、「馬場さんは新潟は三条の生まれ。巨人軍のピッチャーだった人だよ」
と教えてもらい、僕は一気に親近感が湧いた。プロ野球選手とプロレスラー。
どこをどうやっても、何の接点もないふたつのプロスポーツ。でも、
子供にとって興奮させられるキーワードとしては充分であった。

そんなテレビでのプロレス観戦と
当時ラジオをきっかけに出会った音楽(主にロック)が、
僕の人間形成に徐々に大きな影響を及ぼすようになって行く。
あの試合はどんな意味を持つのか、
あるいは好きなバンドの新作の意図など…。
勉強にはちっとも興味が湧かなかったが、何故かそのふたつのジャンルには妙に
研究心がくすぐられ、僕の部屋にはプロレス誌と音楽誌が積み重ねられていった。

お小遣いを握りしめて両誌を本屋さんに買いに行くのは、
僕にとって至上の喜びであった。真新しい最新号を手にする、
そのワクワク感を何と例えたらいいだろう。
編集者という今の仕事に就いたのは、
その喜びを誰かと共有したくて選択したようなものだ。
僕は地方都市・新潟にて情報誌やグルメや観光本等を編集・発行する会社で働いている。そこで半年に一度ではあるが、
20年以上『ｃａｓｔ（キャスト）』という音楽誌も発行させて頂いている。
何で新潟で音楽誌を作るのか？——その疑問はごもっともだ。
新潟である必要はどこにもない。
公私混同と言われようと、何と言われようと、
ただ、好きなものを形にしたかったのだ。
ビジネス的にＯＫならば、僕は何の問題もないと思っている。
落語が死ぬほど好きなら、落語の本を僕は新潟で作っていただろう。
こうなると何としてでもプロレス関連の出版物を作らねばなるまい。
これは僕の遠い遠い、でも、いつかは辿り着きたい夢であった。

しかし、我ながらまさかという感じだが、
思いもしなかった事態が僕に訪れていた。
今でも音楽は、いち聴き手として、そしてインタビュアーとして現役感があるが、
プロレスに関しては、今やもう僕は現役ファンではない。
原因ははっきりしている。馬場さん亡きあと、馬場さんが作り上げた
〝王道プロレス〟を継承する人や団体そのものがないからだ。それだけではない。
ライバル団体も、そしてプロレスに対抗すべく産声をあげた様々な格闘技も
何故か一気に光を失ってしまった。
馬場さんの死は、終わりの始まりだったのかもしれない――
僕にはそう思えてならない。
愛弟子であるジャンボ鶴田の引退と死。
馬場さんが亡くなったことによって起きてしまったお家騒動。
全日本プロレスから大量の選手離脱。
そして三沢光晴を社長とした新団体ノアの旗揚げ。
プロレス界のこれからと王道継承は三沢光晴に託された――そんな風に
僕は捉えていた。

理想郷へ向けて舟を漕ぎだしたノアだったが、
平成21年6月13日、広島県立総合体育館グリーンアリーナのリング上での事故により、三沢光晴が突如我々の前から姿を消してしまった。

まさに身を呈して頑張った凄い男の最期であった。

馬場さん、ジャンボ鶴田、そして三沢光晴。この3人の死でプロレスの未来は闇に包まれた。

そして僕は6月13日を境にプロレスファンの看板をおろした。


実は、厳密に言えば馬場さんの遺伝子を持つプロレスラーがいないわけではない。

その中からでも、それ以外でもいい。プロレス界全体を見渡せる新たな牽引者やとてつもないスーパースターが現れるのではないかと、淡い期待を抱いていた。

しかし、今のところその兆候はない。

だから今も僕の目はリングから遠ざかったままだ。


馬場元子さんに初めてインタビューをさせて頂いたのは、平成16年5月4日(本誌第2章)である。

オークラホテル新潟のカフェ。夕刻であった。
翌日、5月5日、新潟県民会館小ホールにて、
元新日本プロレスの敏腕プロデューサーであった新間寿らをゲストに招き、
馬場さんの七回忌プレ・トークライブが行なわれた。
その開催記事を弊社情報誌『月刊にいがた』に掲載したことをきっかけに
インタビューのお願いをさせて頂いた。
先にも触れたが、当時僕は、馬場さんの意思を受け継ぐのはノアであると信じて
疑わなかった。
と同時に、僕をここまで導いてくれた馬場さんという存在とは
一体どういうものであったか、それを再考していた時期でもあった。
対抗する団体、アントニオ猪木率いる新日本プロレスの派手なパフォーマンスと、
常に馬場さんを挑発するそのやり方。それに逆行するかのように、
その手には乗らないと黙して語らず――その馬場さんの姿勢に、
若い頃は随分イライラしたものだが、今となっては、
誰にも真似の出来ない正直な経営哲学を持っていたからだと理解できる。
時が経ち証明されたのは、馬場さんの育てたプロレスラー達の繰り広げる試合や

興行が、素晴らしかったこと。
熟成という言葉以外見つからない、
とてつもなく時間のかかる、でも、最も説得力のある事実だった。
ある時期、ライバル団体やレスラーは馬場さんの指導力の凄さを痛感したはずだ。
他者を意識することなく、自分は何をすべきか。その、
当たり前のことを実践することの大切さを教えてくれたのが馬場さんであった。
そんな馬場さんに、「ありがとうございました」と言いたかったし、
それを物理的に言える、世界でただ一人の人物が馬場元子さんだった。
元子さんにとっては迷惑な話だが、そうすることによって僕はある種の喪失感に
区切りがつけられるような気がしたのだ。

初めてお会いした元子さんは、
僕を笑顔で迎えてくれたが、やはり少し元気がなかった。
眼下に流れる信濃川を眺めながら、
「…ここにも馬場さんとの思い出があるんですよ」と、ゆっくりと話し始めた。
最初のインタビューは2時間を超えていたと思う。

その後ホテルの最上階で食事を御一緒させて頂いた。

初対面ではあったが、計4～5時間ほどお話をさせて頂いたことになる。

「私は、相手が馬場さんやプロレスのことが好きかどうか1分話せば分かるの」と、その日の別れ際に言ってくださった。

こっちは小6から延々と馬場さんのプロレスを見続けてきた筋金入りのファンである。

「あの時の馬場さん、実はどうだったんですか?」なんて、聞きたいことは山ほどあったのだ。

しかも、それが単なるプロレス関係者などではなく、最愛のパートナー、元子さんから直に聞けるのだから、この上ない幸せ者である。

4～5時間どころか、このまま延々と馬場さんの話を聞き続けていたい――。

そう思えた、そんな幸福な時間であった。


僕にとって馬場さんのいないプロレス界は、とてつもなくつまらなく思えた。

しかし、その意思を引き継いでいると思えた、三沢光晴率いるノアにプロレスの未来を託していたのも事実だ。

一方、元子さんは残ったレスラーとスタッフ、そしてファンの為に全日本プロレスを30周年まで、という期間限定付きで経営に着手していた。

プロレスファンならご理解頂けると思うが、全日本プロレスと新団体ノアのふたつが存在することは、まさに身を引きちぎられるような難儀な状態であった。

馬場さんと元子さんは夫婦でありつつ、全日本プロレスの経営者であった。僕は、〝ジャイアント馬場と全日本プロレス〟は馬場さんと元子さんの2人で作り上げたものだとすら考えている。

三沢光晴、川田利明、小橋健太や秋山準らは、馬場さんがイチから手取り足とり鍛え、育て上げた素晴らしい選手達である。

彼らには馬場さんの意思を継ぎ、全日本プロレスにとどまり、プロレス界を牽引していって欲しいと願っていたが、それは叶わなかった。ほとんどの選手がノアの船出に参画したのである。

プロレス界は現役で力を誇示できる者がトップに君臨しやすいという、そんな風潮があり、実際のリングとは無縁な元子さんが、馬場さんのような統率力を発揮できたかと言えば、それは難しかっただろうと思う。

そうではあっても、最愛のパートナーの突然の逝去である。

共に立ち上げた全日本プロレス。愛する人が大事にしていたものや、そこにまだ残っている〝思い〟を暫くのあいだ守ろうとして当然だと思う。

実際リング上しか見えていない、全日本プロレスのファンがノア誕生を歓迎したのも理解できる。

「彼らの自由を奪わないでくれ‼」――そんな叫びにも近い声に後押しされるかのような形でノアは誕生したのだ。

しかし、ことはそう簡単ではない。その団体が、あるいはその団体のトップが、大衆やテレビ媒体で価値を認められなければビジネスとして成立しないのだ。

ジャイアント馬場、アントニオ猪木が、いかに突出した存在だったか、今になってその影響力や凄さがようやくわかったという人も多いだろう。

三沢光晴は、そうなれる可能性を持ったプロレスラーだったかもしれないが、不幸な結末となったのは、馬場さんにとっての元子さん、猪木さんにとっての新間さんのような参謀役がいなかったことも一因だった気がする。

初めてインタビューをさせて頂いてから、
僕は定期的に元子さんに話を聞くようになった。
馬場さんとの昔話から、時には今のプロレス界や、
僕にとっては頑張っているように見えたノアのことまで、
失礼を承知で聞きたいことは何でも聞いた。
本当に、馬場さんのいない喪失感を、ただ埋めたかったのかもしれない…。
一時隆盛を極めた格闘技界に押され影が薄くなり始めたプロレス界のことを
心配したり、着地点などないまま、
ひょっとしてこれを続けたら、何か答えが見つかるかもしれない、
そんな思いを抱きつつ僕は元子さんに話を聞き続けた。
あと一年ほどで馬場さんの十三回忌を迎えるというある日、
ひとつの決心をし、僕は元子さんにこんな手紙を渡した。

「馬場さんのことを思うと、
何故こうも胸が苦しく切なくなるのだろう。

亡くなられてから、十年が経過したのだけれど、
その喪失感は埋まることはなかった。

今のプロレス界に失望しているからじゃない。
馬場さんが、今、この世に存在しないことが、
たまらなく寂しいのだ。
馬場さんがいないプロレスは本当につまらない。

不況である。何もかもが八方ふさがりである。
馬場さんの生き方は、とても正直だったと思う。
そんな生き方をしたいと切に思う。

もう一度、馬場さんの話を聞きたい。
どんな生き方をしたのか、何を考えていたのかを知りたい。
だから、一番側にいて馬場さんのことを知っている、
元子さんに話を聞きたいのです。

僕は何故か編集者、インタビュアーの仕事をしています。

何故か、馬場さんと同郷・新潟に暮らしています。

馬場さんのことが今も大好きなんです。

一生に一度くらい馬場さんの本を作ってみたいのです」


その場で目を通すと、元子さんは僕にこう言った。


「十三回忌に本は間に合うの？」

「えっ？　これまでのお話を本にまとめていいんですか？」

「…作りたいの、作りたくないの(笑)？」


元子さんとのインタビューをまとめた本を出すことが、何の意味を持つのか。

ただ、僕の好きなこと——個人的な自己満足を得る為なのか。

本当のところ、明確な答えがないままこの本の制作は前に進み始めた。
ところがである。第五章まで原稿をまとめ上げ、元子さんに初稿を出してから、
幾度となく連絡を取ろうとしても、
ある時期から元子さんとコンタクトが取れなくなった。
十三回忌に間に合わせるはずのこの本が、このままだと出せなくなる…。
連絡が全く取れない状況が続くなか、
十三回忌の集いが予定通り行なわれるとの招待状が届いた。
疑念が晴れぬまま、その日、僕はザ・キャピトルホテル東急に向かった。
そこで元子さんの最初の挨拶を聞いて驚いた。
何と、一ケ月前に脳内出血で倒れたのだという。
そこに居合わせた誰もが、その事実を初めて知ることとなった。
少し前にノアの三沢光晴がリング上の事故で亡くなったり、
それから世界を震撼させた東日本大震災が日本を襲ったり、
今なお、福島の原発事故により放射能汚染の問題を抱えていたりと、
様々な出来事が我々の日常に押し寄せた。

僕が見ることがなくなったプロレス界は今、どうなっているのだろうか。
とてつもないスーパースターが救世主のように突如現れたり
何か、とてつもないニュースソースなどが事実あれば、
無理やりにでも目や耳にそういう話題が入って来るのだろうが、
近年そういうことは一切ない。
馬場さんの王道を継承したプロレスラーのいないプロレス界に
再び興味を抱く日が来るのだろうか？——望みは薄い。
あんなにも好きだったプロレス。それを忘れたまま日々を過ごしていいのか。
何故、馬場さんが中心にいるプロレスが好きだったのか。
結局、それを検証したくて僕はこの本の発刊を決意したように思う。
元子さんが病に倒れたことによって、当初予定にはなかったインタビューが
第六章である。
突如襲った病魔のことや東日本大震災のことなどについて話している。
そこで元子さんは、「今こそ馬場さんが必要なんです」と語ってくれた。
その言葉こそ、この本を発刊する意義であると、ようやく僕は釈然とした。
日々我々が人として何を大事に思い、そして生きるべきか。

そんな道しるべがこのテキストには多く詰まっているように思う。

僕は何故馬場さんのことが好きだったのか。
小6の時にテレビで見たジャイアント馬場に僕は何を見ていたのだろうか。
ダイナミックさやスピード感だけではない。
子供ながらに見ていたのは、その、大きな身体だけではなかったのだ。
優しさや包容力——まさに父性そのものではなかったか。
我々は命ある限り何かに向かって生き続けなければならない。
時には苦難も訪れるだろう。そんな時には馬場さんの、
あの、何とも言えない、あったかい笑顔を思い出そう。
心をリセットして、ゆっくりでいいから、また歩き始めよう。
読んで頂いたこの本が、そんな読後感であったなら幸いだ。

貴重な時間をたくさん割いて頂いた、馬場元子さんに心より感謝致します。

棚橋和博

※この本に掲載しているインタビューは時系列に並んでいるわけではありません。
また、それぞれの章の中に、例えばＳＷＳやノアのことなど、
類似する話題が何カ所か出てきますが、インタビューの流れ上、
敢えて掲載しております。ご了承ください。

棚橋和博 たなはし かずひろ

プロフィール

（1958年3月31日—2021年12月18日）

新潟県新潟市生まれ。大学卒業後、地元に帰り３年間証券会社に勤務ののち、新潟の出版社ジョイフルタウンに入社。タウン誌『月刊にいがた』や音楽誌『Interview file Cast』を発行しつつ、『MM CLUB』などテレビ音楽番組の制作にも携わる。約40年に渡り数え切れないほどの取材を経験した熱きインタビュアー。

［第一章］

十三回忌前Ⅰ

Interview Data

2010年11月5日

（ザ・キャピトルホテル東急）

出会い

野球選手時代

プロレスラー

再会

ジン・キニスキー戦後の食事

全日本プロレス旗揚げ

グッズ売り場の馬場さん

――元子さんのお父さんは明石で巨人軍の後援会をやっておられました。それは野球がお好きだったからでしょうか？

父はいわゆるスポーツマンです。テニスもゴルフも何でもやった。その中のひとつが野球でした。勿論、観るのも好きでしたね。私達兄弟は子供の頃から自然とキャッチボールから野球を知り、そんな風にテニスやゴルフも覚えました。でも、父は教えはしないんです。この子はこれが上達するぞと思うと必ずコーチをつけてくれたんです。ゴルフであれば、庭にネットを作ってくれて、そこに週に1～2度コーチが教えにきてくれたんです。

――素晴らしい環境ですね？

贅沢でも何でもなく、私達にとってそれは自然なことでした。最初の頃はコースへ行きたいのになかなか連れて行ってもらえない。でも、上手になれば必ず行けると思い一生懸命練習をする。そこにコーチがついてさらに的確に教えてくれる。自分でもコツを覚えますよね？　そうするとボールはもっと飛ぶ。上手になれば本当にコースに連れて行ってもらえるんです。私のボールは随分飛んだんですよ（笑）。その頃、女性でゴルフをやっている人は少なかったから、父も父のお友達も、みんなとても可愛がってくださった。父は私に「一緒に行かないか？」ってよく声を掛けてくれましたね。

――日常にスポーツが組み込まれていたという感じだったんですね？

そうですね。父を相手によくキャッチボールをしていましたよ。

――元子さんは専用のグローブを持っていたんですか？

持っていましたね（笑）。いつだったか、巡業先のプロレス会場の外で、私がピッチャーをやり、バッターに立ってもらったりして遊んでいたんですよ。そしたら馬場さんが来て、「ボール、もう一回投げてみろよ」と言うんです。で、投げると、「うんうん、それでいいんだ。カッコいいぞ」って誉めてくれたんですよ（笑）。

――投げるフォームが良かったんですか？

そうだったと思います。「理に適った投げ方をしているよ」と言ってくれました。私は誉められれば何でもやっちゃう方だから、そこからさらに汗だくになってみんなと野球を楽しみました（笑）。

――馬場さんも一緒にやるなんてことはあったんですか？

いや、馬場さんは見ているだけでしたね。

――馬場さんは元プロ野球選手ですし、そんな馬場さんにフォームを誉められたのは、子供時代から野球に親しんできたおかげですね？

私は身体が大きな方でしたから、野球もボウリングもフォームが男性的というか、ダイナミックだったんですよ。そんな感じだからみんなが誉めてくれるでしょう？　それで調子に乗ってやっちゃう（笑）。レスラー相手にバドミントンをやって、やっつけて喜んだりしていましたから（笑）。

――（笑）お父さんの血を受け継ぐスポーツウーマンだったんですね？

ボール系は何でも。父とはテニスも一緒にやりました。私だと下手すぎてラリーが続かないんですけど、文句も言わず一球一球拾ってもらいながら遊んでくれました。テニスボールの入っていた缶を立ててもらって、「この缶にボールを当ててみなさい。ここを狙って打つんだよ」なんて言われ、一生懸命打っていましたね。

――お父さんは様々なスポーツの後援会を作っておられたんですか？

いや、それはジャイアンツだけでした。関西は阪神ファンが多いんですけど、私達はジャイアンツファンでしたからね。誰でも、何でもいいってわけじゃありませんでしたよ。

――それはどういう基準だったんでしょうか？

一流の人のプレイを見ると華やかで綺麗なんですよね。その人それぞれのフォームを待っていますが、この人はよく打つなぁと思ったら、やっぱり綺麗なフォームをしているし、ボールもよく飛びますよね。父はそんなスポーツの見方をしていました。

――元子さんはジャイアンツのキャンプをよく見に行ったんですか？

まだ春先で寒いのに、学校が終わって家に帰らずまっすぐにグラウンドに向かっていましたね（笑）。

――（笑）ひとりで行っていたんですか？

父と一緒のこともありましたが、ひとりでもよく練習を見に行っていましたね。

――キャンプで最初にご覧になった馬場さんの様子を覚えていますか？

はい。馬場さんは走っていて――「大きな人が走っているなぁ…でも、ちょっと遅いわね」なんて言ったら、「（笑）競争してみるか？　もしかしたら君の方が勝つかもしれないな」って（苦笑）。それが、当時選手を率いていた（二軍監督）の千葉茂さん（笑）。私も走るのはそんなに得意じゃなかったから遠慮しましたけれど（笑）。「せっかくこうして見に来ている子がいるんだから、もう少しエンジンをかけて走れ‼」なんて言われてましたね。馬場さんはみんなの中で走るのが一番遅かったんですよ。グラウンド、一周か二周遅れるくらい。それでも最後までちゃんと走っていましたよ。

――年齢で言えばまだ高校生の頃の馬場さんですからね？

そう。でもね、私はそんなに馬場さんを意識して見てはいなかったんですね。大きいな、足が遅いなっていうぐらい。高校何年生とか、そういう認識もなかった。プロに入ったら、中学生も高校生も大学卒も、ノンプロから来た人も、みな同じじゃないですか？　そういう区別は一切ないですよね。

――ご自宅にはジャイアンツの選手が食事に来たり、元子さんも選手の方達と話をする機会もあったんですか？

ありましたね。父はね、一軍で有名な人だから呼ぶとか、そんな区別はしなかったんです。みんな同じように接していました。でも私達は子供だから、誰を呼んで欲しいとか、そういうリクエストが出来たんです。ある日父に、「あの、一番大きな人を呼んで欲しい」と頼んだら、次に自宅に来るメンバーの中に馬場さんがいたんです。

――やはり、大きいからという興味本位のリクエストだったんですね？

そう、大体の大きさはわかりますけど、本当はどれくらい大きいのかを知りたかったんです（笑）。

――初めて自宅にやってきた馬場さんはどんな風でしたか？

私達姉妹は、そんなにジロジロ見てはいなかったですよ。馬場さんは隅っこにいて一生懸命食事をしていたって感じですね。ただ、玄関に置いてあった馬場さんの大きな靴を見てびっくりしましたね。それで姉が、靴のサイズを、サーって紙に型取って書いたんですよ。

――それは本当の話なんですか（笑）？

本当ですよ（笑）…ホント、足はどれくらい大きいのかなっていう興味ですよね。それでね、みんなにはスリッパがあって彼にはスリッパがないから、さぞ足も冷たかろうと思って姉と一緒に馬場さんのスリッパを作ったんです。そこで姉が取った型紙がスリッパを作るのに役立ったんです。それでフェルトを切って、ミシンの上手だった二番目の姉がスリッパの下を縫ってくれて。上の姉がスリッパの上のところをつけてくれたんです。私はイニシャルを切っただけ。それ以外は何もしていません（笑）。

――馬場さんの自伝本などでは、元子さんがスリッパを作って贈ったということになっていますね？

私はそんなことは言ってないんです。「姉と合作で作りました」と言っているんですが、皆さん、それだと記事的に面白くないと思ったんでしょうね。私はそんなに器用じゃないもの（苦笑）。

――しかし、スポーツのコーチが教えに来てくれたり、誰かが何かを作ってくれたり。元子さんは、かなりのお嬢様という家庭環境だったんですね（笑）？

お嬢様なんかじゃないけれど、誰かが常に何かをしてくれるというのは子供の時からですね。今思えば、家の中がこんなに片付かないのは、多分、私が子供の頃から自分でやっていないからなんですよ(苦笑)…片づけ方がわからないんですよね。

――(笑)散らかすと、必ず誰かが片づけてくれたんですね?

私は一番下でしたから。洋服をポーンと脱いだら誰かがどこかに片づけてくれる。私がやると、片づけているのか、散らかしているのかわからないっていう(笑)…だから躾って大事なんですね。

――(笑)まるでお父さんやお母さんが躾をしなかったような言い方ですね?

(笑)そういう面ではそうかもしれないですね。それだけではありませんが、何にせよ、そういうものは自然と出ちゃいますからね。

――ましてや誰かがやってくれれば子供は片づけませんよね?

それが私にとって普通だったんですよ。とにかく私は常に片づけをしなかったから、みんな見かねてやってくれたんです。いわゆる悪循環ですよね(苦笑)…。

――(笑)あっはははは。で、お父さんは一代で財を築かれた方なんでしょうか?

長男が家を継ぎ、次男の父は外に出ましたから、そういうことになりますね。でもね、そんなに財を築こうと思っていたわけではないでしょうね。最初は銀行に勤め、事務系の仕事をしていました。昔の人はほとんどそうでしょうけど、簿記やそろばんなどは働きながら修得したようです。暗算なんか凄かったですよ。手でパチパチやってね。

歳を重ねてからも頭はしっかりしていましたね。

——僕もそろばんを習っていましたから、今でも計算の時は頭の中にはそろばんが出てきますよ。

そうらしいですね。そういう時の父の指は、いつもそろばんの玉を弾くように動かしていました。銀行退職後はガソリンスタンドや石油関係の会社を経営していました。私にはよくわからなかったけれど、既に、「ガソリンや重油を使う時代は終わりに近づいているはずだ」と言っていたり、常に先を見ていたという印象ですね。

——その当時からですか？

そう。それで、兄がこのまま会社を持っていたら苦労するだけだって会社をポーンと売っちゃったんです。だからといって、その売ったお金を持ってじっとしていられるわけじゃない。次々と商売に手は出さなかったけれど、いろんなことをやっていました。例えば、市や人の為になるようないろんなことをね。私なんかはね、今、ガソリンスタンドでこんなに儲かっているのに何で売っちゃうのかなと思っていました。

——独自の勘を持っておられたんですね？

そうだと思いますね。その後も相談役なんかはしていましたけど、それで収入を得るというような感じじゃなかった——イコールお金の人じゃなかったんです。今で言うボランティアみたいなものですよね。ジャイアンツを応援したのもそんな感じだったんでしょうね。人の為に忙しいばっかりで、母は少し愚痴を言っていました（苦笑）。誰かに相談されれば、「じゃあ、話そうじゃないか」って常にいろんな人と会うっていう。だから凄く人に慕われていましたよ。父の一生はとても充実していたんじゃないでしょうか。

——馬場さんが自宅へ食事に来られた時、お父さんは馬場さんと何か話されたでしょうか？

初めての時はそういう会話はないでしょうね。ジャイアンツから大洋ホエールズ（＝現在の横浜ＤｅＮＡベイスターズ）に移籍した時も、それ以外の節目の時も、「何か困ったことがあったらいつでも相談に乗ってあげるよ」とは言っていたようですが。

——実はその当時の大洋ホエールズのキャンプ地も明石だったんですよね？

そう、大洋（漁業＝マルハ）というのは明石出身の方がオーナーでしたからね。

——そんなところにも馬場さんと元子さんをつなぐ接点があったと。で、話はスリッパの件に戻りますが、それはどのようにして馬場さんの手元に渡ったんでしょうか？

最初に遊びに来てから一年後だったと思いますが、選手の皆さんをお呼びした時、玄関に並べたスリッパの端っこに馬場さん用のスリッパを置いておいたんです。で、父が、「これ、子供達みんなで作ったんだ。馬場くんのだよ」と言ったんです。馬場さんはびっくりしていましたよ(笑)。

——(笑)そうでしょうね。ちなみに何色のスリッパだったんですか?

茶色です。

——ネームが入っていたんですよね?

そう、馬場正平ですから、「S.B」ですね。

——イニシャルは元子さんが作ったんですよね?

でも、切っただけ(笑)。私はただ見ているだけで何もしないから、姉にフェルトに書いたイニシャルを渡されて、「これでも切りなさい」と言われたんですよ。

——イニシャルは何色でしたか?

(笑)黄色かな…いや、赤だったかなぁ?

——茶色に黄色は合いそうですよね?

(笑)赤だってかわいいですよ。で、スリッパは作ってからしばらくは自宅にありましたね。

——馬場さんは随分感激したと幾つかの本で話しておられます。のちにそれを合宿所で大事に履いていたようですが、「ください」と言われたんですか?

いや、差し上げたんですよ、「どうぞ」ってね。

——で、馬場さんからお礼のお手紙が元子さんに届いたんですよね？

そう、「ありがとう」っていうお礼状を頂きました。今みたいにパソコンのメールや携帯がない時代ですから、すべて手紙でしたよ。「今、北海道にいます」ってアイヌの人形を送ってうださったり。あのお人形、どこに行っちゃったかなぁ（笑）……。

——馬場さんはそんな風に定期的に手紙をくださったんですね？

二軍で東北や北海道遠征とかに行くでしょう？ そういう時には手紙と一緒に何かを送ってくれましたね。

——試合や野球に関することが書いてあったんですか？

いや、そういう専門的なことは書いてなかったですね。

——元子さんもご返事は書かれましたか？

勿論（笑）…何かを頂いたら、ちゃんとお礼状やお手紙は書かないとね。

——それをきっかけに文通のような手紙のやりとりが始まるんですね？

はい…昔はその方法しかなかったですからね。

——馬場さんの手紙は楽しみにしていましたか？

いや、嬉しいとか、そういう感情はなかったですね。馬場さんからまた手紙が来たっていう。そんなにね、定期的に一ケ月に何通も来るわけじゃなかったんです。机の上に、たまに置いてある程度ですよ。私も学校に行っている間は忙しかったですからね。

——元子さんが学生の頃に夢中になっていたものは何でしたか？

何だったでしょうねぇ？　…いつの時代も若い人の興味の対象は変わらないと思いますよ。ファッションスタイルブックからいいと思うものをスクラップしてみたり。でも、スポーツ観戦や音楽鑑賞にはよく行っていましたね。

——将来の仕事にはどんな夢を持っていましたか？

そんな、夢なんてないですよ。昔はね、将来何になるかなんて、そんな選択は誰しもなかったんです。女性は将来結婚するものだと、みんなそう思っていましたからね。

——そうでしたか…。で、馬場さんは高校2年の昭和30年秋にスカウトされた巨人軍に入団すべく高校を中退し、栄えあるプロ野球選手になるわけですが…。

私はその年のキャンプで、その頃の馬場さんに会っているということですよね。馬場さんは子供の時にジャイアンツのファンクラブに入っていたんです。その集いに参加する為に、年に一度東京に出掛けるのが唯一の楽しみだった。そんな馬場さんにとって、ジャイアンツからスカウトの声が掛かったというのは、とてつもなく嬉しいことだったと思いますね。ただただ、野球をすることが好きで好きでしょうがなかった、そんな子が…。

——もう、飛びあがるほどの嬉しさでしょうね？

それはそうでしょうね。ただ、「入ったはいいけれど、まだ子供だった…」とよく言っていました。

——調べてみますと、馬場さんはピッチャーとしてイースタンリーグ（二軍）の成績はとてつもなく素晴らしかったんです。昭和31年は12勝1敗、翌年の昭和32年は13勝2敗。翌々年の昭和34年にも10勝以上を挙げ、3度も最優秀投手に選ばれています。

馬場さんのボールは自然と球がドロップするという感じだったそうです。手が大きいからスナップが効いていて今までになかった重いボールというのか…それでみんな、なかなか打てなかったらしいんです。

——今で言うフォークのような、回転のあまりしない重いボールですね？

しかも、あの身体で体重のかかったボールを投げる。身体も柔らかかったからそんなには打たれなかったようです。野球に関しては時々面白い話をしていましたよ。後楽園球場での一軍の試合前にバッティングピッチャーとして二軍の人が呼ばれるんです。いわゆるマシーンではなく本当のピッチャーが要るわけです。そこで馬場さんは本気になってボールを投げたんですって。そしたら先輩達は打てなかった。そこで叱られたんですよ、「打てるボールを投げろ」ってね。

――ああ、練習にならなかったんですね？

そう、馬場さんは、「必死で投げたんだけど、叱られたなぁ…」と言っていましたね。

――馬場さんは逆にアピールしようとしたんですね？

アピールというか、プロだから誰だって一軍で使ってもらいたいというのはあったでしょうからね。

――昭和32年に一軍で一度だけ先発し、7回を投げて一点は取られるものの三振を3つ取り、しかもフォアボールはひとつも出していません。いいピッチングをされていたようですが…。

一時期、「フォームを変えろ」とかいろんな人にいろんなことを言われ、誰の言うことを聞いたらいいのかわからなかったと言っていました。いろんな派閥があっただろうし、それが馬場さんには読めなかった。

――まだ若いですからね？

だからさっき、「自分はまだ子供だった…」と言ったのはそういうことなんですね。ごますりも出来なかったし、みんなともうまく付き合えなかった。だから馬場さんが若い選手によく言っていたのは、「ごまをすれよ。ごまをすって怒る人はこの世の中に誰もいないぞ」ってね。

——自分がすれなかったから、なおさらですね？

でもね、馬場さんの性格からして、ごますりは出来なかったと思いますよ。

——二軍での好成績からして、何故にもっと一軍で起用されなかったのか、一軍定着の機会が何故なかったのか不思議でなりませんが？

それは時代も関係しているでしょうね。馬場さんが在籍していた時のジャイアンツは凄い選手ばかりでしたから。馬場さんにとって時代が悪かったということじゃないでしょうか。

——ジャイアンツが黄金期を迎えたのは馬場さんが入団以降のことですからね？

言ってみれば野球の時はチャンスがなかったということでしょうね。どんなに成績が良くても、上にプッシュしてくれる人がいなかった、というのもあると思いますよ。

——折りに触れ、ジャイアンツや野球のことは気にかけておられましたか？

東京ドームにも試合を観に行きましたし、家に帰ってきてテレビで野球をやっていると、まずはそれに見入るという感じでしたね。

——どういう選手がお好きでしたか？

そういう人は特にいませんでしたね。

――やはり、自身が在籍したジャイアンツというチームがお好きだったということですね？

そう、ただ、「松井（秀喜）選手はとても礼儀正しい凄い子だね」と言っていましたね。2年でも3年でもジャイアンツに在籍したというOBの誇りはあったと思います。だから、すべての選手は後輩であり、そしてジャイアンツの選手は礼儀正しく、しっかりとしたチームだとの印象でしょうね。

――ジャイアンツは日本に於ける野球チームのトップかつ、一流の証し。そんなチームからスカウトされたことは馬場さんにとって最大の誇りだったでしょうね？

はい、そう思いますね。

――そんな大好きなジャイアンツから解雇され、大洋に移籍し、しかも怪我をし野球から身を引かざるを得なかったというのはショッキングな出来事です。自身にとっては大きな分岐点だったでしょうね？

そう、でも、まだ若かったですからね。「11月が嫌いなんだ…」とよく言っていたんです。最初はどういう意味なのかな？　って思っていましたが、「誰が首を切られるのか、来年は自分と契約してくれるのか？　その時期になるとみんな戦々恐々として大変だった。あの時期は嫌だったなぁ」と言っていましたからね。それがちょうどその頃なんですね。

――しかし、厳しい世界ですね？

だって、それがプロですもの。

――わかります…でも、親元を離れたばかりのまだ18、19とか二十歳の頃ですから…。プロにそんなことは関係ないですよ。逆に今の人はプロの自覚がないいんじゃないかとさえ思います。だから馬場さんも――大人の勉強をしないままプロの世界に憧れのまま入ってしまった。ごますりとか、いろんなことを覚える前にね。だから厳しかったんじゃないですかね。

――さきほど二軍で何度も優秀投手に選ばれたことに触れましたが、当時――昭和32年の冬に脳腫瘍になり手術を受けておられます。それが完治したと思ったら巨人から契約しないことを告げられ、しかも、大洋に移籍したもののお風呂で怪我をし野球を断念…その頃の馬場さんはツイてないですよね？

病院に行ったら脳腫瘍だとわかって、しかもその時、「悪くはなっても、これ以上はよくならない。だから、マッサージの学校に行きなさい」と言われたそうです。「ああ…俺はこれでもう目が見えなくなるのか」って多摩川の土手でよく泣いたと言っていました。それでも12月に手術をし、翌年1月末のキャンプには毛糸の帽子を被りサングラスをして参加していたんです。

――信じられない回復力ですね？　身体能力や回復能力というのは凄かったんですね？

きっと、それも若さだったんでしょうね。

――「まず、100％治らないと言われた」と、のちのち語っていますね？

東大病院の清水先生が、「馬場くん、医者というのは絶対治るとは言わないものだよ。だから、治ると思って手術する方に賭ける方がいいんじゃないか？」と言ってくださった。馬場さんは、「先生、お願いします」と即答したんです。馬場さんにとって目が見えなくなるのが一番困るわけでしょう？　何しろ、まだ野球もやりたかったわけですから。それにしてもね、誰かの紹介とか、そういうものが一切なく、フラッと東大病院に行って、そこで清水先生との出会いがあったんです。

――何かに導かれた感じがしますね？　普通、若い青年が東大病院にふらりと入ったりはしませんよね？

そうですよね。でもね、東大が日本では一番いい大学だというイメージを持っていた

――ここに行けば何とかなるんじゃないか？　そう思ったんじゃないかと私は思うんですよ。

――脳腫瘍を患うというのは、視力を失う以上に、命を失う危険性もあったわけですから…馬場さんは若くして随分辛い思いをされていたんですね？

……辛いとか、そんな生やさしい言葉では済まなかったでしょうね。本当に、生死の分かれ目だったと思います。今までの人生より、後の人生の方が長いわけじゃないですか？ その時どうなるか。今から目が見えなくなったら…………それはそれは凄まじい葛藤があったと思います。馬場さんが常にものごとに対して感謝の気持ちが強かったのは、若い時の、そういう苦労がいっぱいあったからだと思います。そういう風に、よくして頂いた清水先生をはじめ、いろんな方に感謝しなくてはいけないというのがあったんじゃないでしょうか。

――新潟県人初のプロ野球選手の誕生。ジャイアンツに入団すべく故郷・三条を旅立つ際には、ご両親やご家族、親戚や友人達は派手に送り出したはずですよね？ それが脳腫瘍を患い、のちに結果的にプロ野球選手という職を失うことになる…おしつぶされそうになりますよね？

…馬場さんは本当に母親思いの人でした。お父さんは病気がちでしたから、営んでいた青果商をきりもりしたり、あちこちの市に出かけたりして、いわゆる家計を支える中心はお母さん。そんなお母さんに楽をさせてあげたいと思っていたでしょうから。

――馬場さんは毎日リヤカーで野菜を市に運んでいたんですよね？

そう、お母さんの行ってる市に野菜を運んであげたり、いろんなことをして家業を手伝っていました。それでもたまに、売上げの入ったカゴの中からお金をちょこっと持って行っては（苦笑）…。

――（笑）買って何かを食べていたんでしょうか？

そうじゃないかと思うんですよ（笑）…甘納豆とか、甘いものを売っているところに行ったりね。そんなに多くのお金じゃないでしょうけど、それを手の中やポッケに入れて買いに行ったんでしょうね。

――馬場家は家の仕事を手伝う若い働き手を失うわけですから――プロ野球選手になってから、馬場さんは実家に仕送りをしていたんでしょうか？

それはどうだったんでしょうね。聞いたことはなかったけれど…仕送りが出来るほどの給料だったのかどうか。ただ、その頃は馬場さんのお姉さん達も若かったですからね。馬場さんは常に一緒に働いていたわけじゃなかったですからね。

――学校に行く前に少し手伝うとか、そういうことですね？

そう、朝早く起きて手伝うって感じですよね。

――で、怪我をしてプロ野球選手を断念し、そして遂にプロレス界の扉を叩いた馬場さんですが、そこから馬場さんと元子さんはどんな風に再会を果たすのでしょうか？

父が東南アジアか、シンガポールかどこかに旅行に行ったんです。で、兄が会社の留守を預かる感じになっていて。ある日の朝、会社に行ったら、会社の前が人だかりでいっぱいで。兄はね、泥棒か何かが入ったと思ったんですって——やられた…父が留守の時にエラいことになったなぁと思いつつ会社の中に入ったら、馬場さんがちょこんと座っていたんですって(笑)。

——馬場さんはその頃すでにプロレスラーとしてビッグな存在ですよね？

そうだと思います。姫路で試合があって、そして大阪か神戸に移動するついでというか、そんな感じだったと思うんですよ。それで明石の駅で降りて父の会社を訪ねたんです。後で聞いたんですが、私がどうしているのかを聞きに来たんですって(笑)。兄は、「元子はまだ家にいるよ。じゃあ、今から会いに行こう」って言って兄の車に乗って家にやって来た——私と母は、「あらまぁ(笑)」ってお茶をお出しする程度のおもてなしをして。ところが私はその日出かける用事があったのでゆっくり家にいることが出来なかった。「私は今から神戸に行きますから、お先に。それではさようなら」と言ったら、「じゃあ僕も一緒に行くよ」って。それで普通の、今で言うＪＲの電車に乗ったんです。

——（笑）黒山の人だかりができる馬場さんと一緒に電車に乗ったんですか？

そう、車じゃなかった。何故かと言うとね、その時の私の用事というのが、当時やっていたボウリングの試合だったからなんです。その日のボウリング場が三ノ宮駅の真ん前でしたから電車の方が近かったんです。馬場さんは私に、「どこに行くの？」って聞いた。私は、「デイリースポーツというスポーツ新聞社の上にボウリング場があって、そこで試合があるの」「それなら僕はデイリースポーツに寄って行くよ」って。馬場さんはそこに行き、私はそのまま、「さようなら」って上に行っちゃった（笑）。

——（笑）馬場さんは元子さんについて行きたかっただけですね？

（笑）そこまで送ってくださったんですよね。

——久し振りにご覧になる馬場さんの姿はいかがでしたか？

「凄く変わったなぁ」って思いましたね。周りの人は馬場さんのことをジロジロ見てはワイワイ言ってるし。野球の頃は、凄い端っこにいる人って感じでしたからね。

——元子さんは当時の馬場さんのことはあまり知らなかったんですか？

いや、プロレスラーになったのは知っていましたけど、そこまで有名になっていると は知らなかったんです。この人がどうしてこんなに有名なんだろう？　まぁでも、私には関係ないわ（笑）…って感じでした。その日馬場さんはボウリング場にのぞきに来たみたいなんですけど、私は試合だったから、そのままお逢いしなかったんです。それからしばらくして、「プロレスを観に来ないか?」と誘われたんですよ。大阪府立体育館で5日くらい続けて興行があった時だと思うんです。もう、常に満員の頃。でもね、「また今度。時間があったらね」ってその時はお断りしたんです。

——実は馬場さんは元子さんが結婚されているかどうかを確かめに来たらしいですね?

そう、それをチェックしに来たみたい(笑)。

——スリッパをもらった時の感激もあったとは思いますが、馬場さんは元子さんにひと目惚れという感じだったんじゃないでしょうか?

馬場さんはずっとそんな風に思ってくれていたようなんですが、その時の私には他にいろいろやることがあったし、自分とは違う世界の人と結婚するなんて思ってもいませんでした。しかも当時の私は結婚なんて意識は一切していなかったんです。

——男性として見てはいなかったということですね?

そうなんです、男性じゃないんです。ボーイフレンドであったり、お見合いをする相手であったり、そういう人は男性だけど、兄の友達と同じように、そういう人達を男性として見たことはないんです。

――若い頃の馬場さんは特にカッコいいですけどね（笑）？

カッコいいとかカッコ悪いとかじゃなくて、そういう対象ではなかったということです。ましてやプロレスという世界を全く知らないわけじゃないですか？

――確かにそうですね。その日の再会から、また馬場さんと手紙のやり取りが始まるわけですか？

そう、電話があったりね。その後に父が福島旅行に行った時、電車の中で、若い人を2人連れている馬場さんに偶然会ったりしていて。

――お父さんと馬場さんがバッタリですか？

そう、確か、会津若松でしたね。ローカル線に乗っててバッタリ。そこで父は、「何か困ったことはないか？」って馬場さんに聞いたんですって。

――（笑）お父さんはいつもそうなんですね？

（笑）そしたら馬場さんはね、「自分の足に合うゴム草履が欲しい。そういうのがなくて困っているんです」って。父は、「神戸の知り合いにそういうのを作っている人がいるから、馬場くんのを作ってもらってあげるよ」って言われた。で、約束通り大きなゴム草履を作ってあげたんですよ。それで父から、「東京に行く時に持って行ってあげなさい」って。で、東京に出かけたついでに渡してきたんです。

——お父さんは何の意図もなく？

そう、誰も、何も、そういう意図もなく（笑）…。

——（笑）運命のいたずらなんですね？

それで、「私、これを預かって来たの」って渡したんです。その場で履いて、「こんなに気持ちのいいゴム草履は初めて履いた」ってとても喜んでくれて。ほら、大きな足ですから、小さな既製品じゃいつも足が出ているわけじゃないですか？　だからでしょうね。で、渡して帰ろうとしたら、「食事をしないか？」と言われ、それで一緒に食事に行ったんですね。

——馬場さんは何を食べに連れて行ってくださったんですか？

その時はステーキハウスでしたかねぇ…のちのち中華とか、いろんなところに連れて行ってくれましたよ。後はね、リキパレス（＝渋谷にあった常設プロレス興行施設）を見せてくれたりね。そしたらみんなが凄く珍しがって（笑）。

——女性があまり来ないからですか？

いやいや、違うの。馬場さんが珍しく女性を連れて来たってことで、みんなのぞきに来て。うるさいところだなぁって思ったわ（笑）…見たことがあるようなないような、大きな人がいっぱいいて。でも、名前なんて全然知らないですからね。で、「ここから、金曜日の夜に試合のテレビ中継をしているんだよ」って教えてもらって。私は、「ふーん…そうなの？」って（笑）。

——その頃、馬場さんと元子さんは一緒にごはんを食べている時、どんな話をしていたんですか？

…どんな話をしていたかって聞かれても（笑）……。

——僕は試合がこうでとか、私は今、ボウリングがこうでとか…。

いや、そんな話はしていないけれど……日刊スポーツやデイリースポーツの人達が私のことを調べ、「彼女は凄くいい成績なんだよ」って馬場さんに教えたりしてて。その後、馬場さんも一生懸命ボウリングをするようになったんですよ（笑）。

——馬場さんがボウリングをですか？　元子さんはそんなに凄い成績だったんですか？

（笑）そうなんですよ。

——日本の女子プロボウラーと言えば中山律子さんですが、どちらが先輩ですか？

彼女の方が後ですね。私達がやっている後に彼女が入って来たんです。

——まさにボウリングの創世期だったんですね？

そう、だから、ボウリングブームを作ったと言ったらおかしいけれど、私達はボウリング場があっちこっちでオープンする時に呼ばれてプレイしに行くという感じでしたね。

――プロの登録はされたんですか？

いや、私はしません。プロになりたいなんて思ってもいませんでしたからね。

――成績がいいのに、どうしてですか？

ゴルフでも、女子プロがそんなにいなかった時代だし、それにもまして、プロのライセンスを取るとかってこと自体が私は嫌いだったんです。

――何故ですか？

ただ、遊びたい、楽しみたかっただけですからね(笑)。

――(笑)わがままですねぇ…当時はどんな成績だったんですか？

あの頃はまだボールやレーン・コンディションがよくなかったですから…ハイアベレージは230とか240くらいだったと思います。週に2~3回試合していて、ある年の平均アベレージが168でした。試合数が多かったから、180以下は出せないなぁと思って試合をしていましたね。

――そんな成績なら普通プロを目指しますが…ただ楽しんでいただけだったという？

そう、楽しかったんですよ(笑)。

——スポーツをたくさんやっていたのに、何でそんなにボウリングにハマったんでしょうか？

実は私の通っている学校の体育館に1レーンだけ本格的なボウリングのレーンがあったんです。

——えっ？　そんなものが学校に？　…信じられません(笑)。

そう、1レーンだけね。校長さんがちょっと変わった新しもの好きの方でね(笑)。だから私達はボウリングというものが町に出来る前に、こういうものだと知っていたんです。それとね、例えばゴルフって4人揃わないと出来ないでしょう？　しかも、朝が早い(笑)。ボウリングは2人くらいいたらすぐに出来ましたからね。私達はブームになっても、どこのボウリング場に行っても名前さえ書けばすぐに投げられるくらいの実績と環境がありましたから。

——馬場さんと一緒にボウリングをやったんでしょうか？

東京では、馬場さんと、ボウリングの好きなお友達と3人でよくやりましたね。リキパレスの中にシュミット式というピンを糸で吊ったレーンがあったんです。ピンがハネないから、あまりいいものじゃないんですけどね。そこではいつも私が勝っていました（笑）。

――（笑）それはそうでしょうね。馬場さんの練習の成果はどうだったんですか？

馬場さんはね、ボールを投げると、そのままツーって滑って行っちゃうんですよ（笑）。で、「馬場さん、力まかせに投げてもピンは倒れないよ…ボールは転がさないとね（笑）」なんて言ったら、カーッとなって力任せに投げていました。でもね、本当にボールが止まったまま向こうに行っちゃうのね。馬場さんのボウリングって随分面白かったですよ（笑）。

――何度も一緒にやりましたか？

馬場さんがマイボールとマイシューズを作ったくらいですから。というか、作らないとボールに指が入りませんからね（笑）…青山や芝にもよく投げに行きましたよ。

――その頃、馬場さんの元子さんに対する、〝好き〟という気持ちは伝わっていましたか？

……伝わってはいましたけれど……だって、好きって言われても言われなくても、ボーイフレンドのひとりが馬場さんだったんですよね。

――たくさんいたボーイフレンドの中のおひとりですか？

いや、たくさんいたわけじゃないんだけれど、兄の友達なんかと同じ――兄と私は歳があまり離れていなかったから、男性だからとか、そういう意識は私の中にはなかったんです。私はその頃からちょっと変わっていたと思いますね（笑）。

——元子さんが他の女の子とちょっと違う点というのは、我ながら何だったと思いますか？

あのね、ベタベタしないの、絶対に。

——ところが、馬場さんに気持ちが魅かれて行くきっかけとは一体何だったんですか？

気持ちが魅かれて行くというより、あれだけ思われれば、誰でも、あれ？ って思いますよ（笑）。

——（笑）馬場さんがかわいそうですねぇ…もの凄い求愛だったということですね？

（笑）はい。だってね、アメリカに行って帰ってくると、トランクの中は私へのお土産でいっぱいでしたから。それこそロレックスのプラチナの凄い時計だったり、リングだったり。でも、私はそういうのってあまり興味がなくて（苦笑）…趣味が合わなかったんです。

——（笑）馬場さん、せっかくお土産に買ってきたのに…かわいそうですねぇ。いちいち買ってきたものに対してダメ出しをされていたんですか？

（笑）ハンドバッグはね、ワニ革だったりオーストリッチだったり、それこそ馬場さんは超一流のものを買ってきてくれるんだけど、「私はそういう、爬虫類系が好きじゃないの」とか言って（笑）。勿論すべてじゃないけれど、「あれ、全然持たないね」と言われると、「だって私、これを持ったら虫になった気分みたいなんですもん」と言ったり（笑）。だけど、馬場さんはお土産を買う相手が出来たというのが楽しかったみたいなんですよ。

——（笑）微笑ましいですね。その頃の馬場さんは既に大スターなわけですが、元子さんもそれを肌で感じるようなことは多かったですか？

そうですね…ある日馬場さんに、「大阪の吉本を見に行こう」と誘われたんです。私は当時、吉本っていうのが何だかよくわからなくて…。

——関西に暮らしていたのにですか？

そう、知らなかったんです。藤山寛美さんの松竹新喜劇はテレビで見て知っていたけれど、当時の吉本はテレビではそんなにやってなかった。多分、馬場さんが吉本の誰かに来てくださいと言われたんだと思うんですよ。で、行ったらね、馬場さんの側に若い人が2人いたの。馬場さんが靴を履こうとすると靴ベラがサッと出てきて、しかも靴は馬場さんが履きやすいようにパッと揃えるのね。ジャケットもちゃんと着せるし、野球の時の馬場さんとは違うんだなと思った。私は今でもそうなんだけど、コートに手を通すのが嫌いで、羽織るみたいな感じで着ているのね。その時もそんな風に羽織って着ていたら、その内のひとりが私のコートをひょいって取って、「どうぞ、コートを着てください」って言うわけ。「いや、ちゃんと着ていますから」って断ったりして。変な人達と一緒に吉本を見に行くんだなぁ。この人達は一体何者だろう？　って思ったんですよ。で、「馬場さん、あの2人、どこまで付いてくるの？何をする人？」って聞いたら、「俺の付き人だよ。嫌なら帰そうか？」って。付き人なんて仕事は知らないけど、まさに付いて来ないといけないものなんだろうなって。で、「嫌じゃないけど…」と答えたんですよ。それで4人で吉本を見終わって席を立ったら、多くのファンが馬場さんを取り囲んだの。その時、馬場さんの目つきひとつで、その内のひとりがパッと私に付いて、そこから私を離すんですよ。「ああ、よく訓練が出来ているなぁ」と思いましたね。

――馬場さんの目つきひとつで…。

そういう動きの出来る人達ってこと。それがマシオ駒さんと大熊元司さんの2人だったのね。

――あ、そうだったんですか？　…まさに助さん格さんですね。僕は大のプロレスファンですから、今、そのおふたりの名前が出て、何だかゾクゾクしました(笑)。(笑)でもね、最初は知らない人達ですからね。どこだったかに出かけた時、私と馬場さんのいる部屋の外に、きちんと畳んだ下着や試合会場に着て行くものが用意されてあって。でも、私が中にいるから部屋の中には入って来ないんですよ。外にそっと置いておく。で、ドアを開けたらそれがきちんと置いてあった。で、「馬場さん、何か置いてあるよ」「お、駒だろう…」って。駒さんってそういう人だったのね。

――いいお話ですね。まさに馬場さんに仕えているという人だったんですね。で、元子さんはその頃試合は会場でご覧になっていたんですか?

ううん、私はね、門限が9時だったから…。

――ああ、お嬢様ですからね?

いやいや、そうじゃないの。その頃からしたら、9時でも遅い方なのね。

――時代からするとそんな感じでしょうか?

そうすると、8時に試合会場を出ても門限に遅れちゃう。でも、馬場さんがリングに上がるのを見たいじゃないですか?

――馬場さんはメインイベンターですから、出て来られるのは8時半や9時近くですものね?

そう…大阪府立体育館で見ていると、駒さんがタクシーを止めて待っていてくれて。馬場さんの試合を見ずに引っ張り出されちゃうの。「時間が来たら早く家に帰せ」と馬場さんが伝えていたんでしょうね。門限に遅れたら私が叱られるじゃないですか？駒さんは、「帰りましょう。タクシーが待っています」「まだ馬場さんが出てこない。試合が見たいの」「いや、ダメです。帰りましょう」って…。会場の中でレスラーと私がバタバタやってはいられないから、しょうがないなぁって感じで帰るんですよ。だから当時は試合をまともに見たことがないんですよ。

――馬場さんは元子さんを大事にしてくださったんですね？

はい、本当にそう思います。

――その時のプロレス会場の雰囲気をどんな風に肌で感じていましたか？

あのね、私みたいな人は私だけ(笑)。みんな男性だし、女性と言えばお店に出ているような、粋な女性って感じの人ばかりで。ホント、普通の女性は私しかいないの。

――浮いている感じですか？

浮いているも何も、変な娘が座っているなぁって感じでみんなにジロジロ見られるほどですよ。でも私はそんなの全然お構いなし、遠慮もしないしね(笑)。大阪府立体育館の食堂のおじさんが面白くてね。そこでお茶を飲んで話したり、会場に行ったり。

そこでは本当に自由にさせてもらっていましたよ。

――日本プロレスの方々は皆さん元子さんのことを…。

いや、馬場さんは私を正式に紹介はしないけれど、みなさんわかっていましたよ。馬場さんが私を大事にしてくれるから、みなさんも私に気を遣ってくれる。そんな風に、お付き合いをしている女性を他のレスラーは会場には呼ばなかったんじゃないですかね。でも、私は会場によく行っていました。ただ、芳の里さん(力道山亡き後の日本プロレスの社長)にはちゃんと紹介してくださいましたね。

――元子さんが当時ご覧になった馬場さんの印象深い試合とは一体何ですか?

そうですねぇ……大阪球場でのジン・キニスキーとの試合ですね。

――昭和47年8月14日、大阪球場にて2万人を動員した伝説のフルタイムドローだった大変な試合ですね?

そう、試合後に馬場さんと食事に行く約束をしていたんですけど……。

――ちょっと待ってください……あの、語り草になっている、ジン・キニスキーとの試合後に元子さんと馬場さんは一緒に食事をしているんですか(苦笑)?

でもね、なかなか食事にはならなかったんです。だってね、「馬場さん、そんなにお水ばっかり飲んでいたら、お腹がいっぱいになっちゃうよ」と言ったくらい、ビールのピッチャーに入れたお水をぐいぐい飲んでいましたからね(笑)…。

――だって、とてつもない試合の後ですから…凄い試合だったという記憶はどうですか?

馬場さんとそんな風に会った最初の頃だから、よくわからなかったですね。もっと後に見た試合だったら、凄いなぁと思ったんでしょうけど…だから、いつ終わるのかなぁ? と思って見ていた試合でしたね(笑)。

――凄い歓声だし、球場はたくさんのお客さんですよね?

そう、超満員(笑)。

――しつこいですけど、あの、プロレス史に残るジン・キニスキーとの大阪決戦ですよ。しかし、よくそんな試合の後に馬場さんと食事に行きましたね?

だって、私はお腹が減っていたんですもの(笑)。

――(笑)どれくらい待ったんですか?

試合後にインタビューがあったから、私だけ先にステーキハウスで待っていたんです。でも、なかなか来てくれない。しかも、来たと思ったら、しばらくは食事が喉を通らないからって水ばかりガブガブ飲んでいて。凄く待たされたのに、そんな感じだったんですよ(苦笑)。

――あんな伝説になるような試合だったら、その後に食事なんて出来ないですよ（笑）。

水を飲めば飲むほど汗がだーって出てくるし、シャツなんてびしょびしょ（笑）。しかも夏でしょ？　もう、おしぼりとかじゃダメなくらいでしたからね。

――60分と延長戦5分の計65分。馬場さんの生涯最長試合時間だった試合ですね？

そう、「何はともあれ水分の補給をしてから。食事は少し待って」ってことでしたね。

――後から思うに、そんな時でも一緒に食事をしようとしていたわけですから、馬場さんは常に大事な時間を割いてくださったということですよね？

そう、裏表なく自分のすべてを見せたいという気持ちだったと思いますね。そうじゃなきゃ私を呼ばないだろうし…。

――本当に大事にしていたんですね？

だから、口で説明しなくてもわかっていました。「今日はこうだから、この人との試合だから大変なんだよ」なんて話は一度も聞いたことがなかったですよ。

――カッコいいですねぇ（笑）。

（笑）私はね、あのベルトを奪われたら嫌だなぁ。でも、ベルトがまた返ってきた。ああ、良かった、良かったなんて思って試合を見ていましたね。

――しかし、そういうプロレスの話を一切しなかったというのも、本当にカッコ良すぎますね？

そう、だから私もそういうことは一切聞きませんでした。「大変？」なんてことも聞かない。だって、大変なのはわかっているもの。

――本当に何かを超越した他とは異なるカップルですね。で、大体大切な節目には必ず元子さんが馬場さんの側にいたということなんですね？

はい、大体いましたね。アメリカでの試合だとワイフの席があるんですよ。他のワイフは試合を見ながら、「ノー‼」って怒ったりして、それはそれは賑やかで（笑）。でも、私は、あまりにも静かにジーッと見ているから反対に不思議がられたものですよ。

――エキセントリックに試合に反応されないんですね？

そう、全然しないんです。

――元子さんは、アメリカでの試合中にはどんなことを考えて観ていましたか？

側にいる人に、「大丈夫？　怖くない？」と聞かれれば、「大丈夫。怖くない」と答えていました。「どうして怖くないの？」って聞かれれば、「だって馬場さんは凄く強いから。馬場さんはスマートだから…」ってそれで終わり。そしたら、聞いた方がだまっちゃう（笑）。

――アメリカでの試合を多くご覧になられたと思いますが、外国人レスラーは身体も大きいし、怖いイメージの方が多かったと思いますが、その中で馬場さんはどんな印象でしたか？

馬場さんが凄くスマートだったというのはね、この人にはこう、あの人にはああするって相手によって試合の仕方を使い分けしたからなんです。アメリカと日本が違うのは、強いばかりがレスラーじゃないってこと。お客さんをどれだけ沸かせることが出来るか？　ということをちゃんとわかって試合をしているかどうかですよね。だから馬場さんはプロモーターに気に入られた。プロモーターに気に入られないと何の価値もないですからね。

――でも、ショーマン的に奇抜なアピールをする選手ではなかったですよね？

そういうレスラーではなかったですね。やっぱり頭が良かったというか、理に適った試合運びをしていました。アジアの人が何でこんなに大きいのかって感じで見ている人もいるし、馬場さんの試合が見たくて来ている人もいる。でも、アメリカでも、なるほどなって感じの試合をしていましたね。

――海外で印象に残っている試合は何ですか？

というかね、馬場さんは、どんな無名の方でもちゃんと試合が出来る人でしたからね。

――相手の魅力をちゃんと引き出しつつという？

そう、でも、一番印象に残っているというか……プエルトリコの野球場が満員になって行なわれたブッチャーと馬場さんの試合。途中から両方ともヒールになっちゃった試合でね。私は野球場のダッグアウト横で見ていたんです。そしたら、後ろから紙コップを丸めたものがコロコロと転がってくるの。何だろうと思っていたら、実はそれは試合に興奮したお客さんが私をめがけて投げていたものだったんです（苦笑）。その幾つかがコーンって私に当たったんです。痛くてね。それを見たスタッフがダッグアウトの中から4〜5人わーっと出てきて、私をダッグアウトの中に連れて行ったんですよ（笑）。

――ああ、危ないからですね？　馬場さんのパートナーだとお客さんは知っているわけですね？

そう、ファンには私がワイフだってことがわかっていたのね。

――でも、紙コップでよかったですね？

いやいや、丸めた紙コップがどんなに痛いか（苦笑）。まさか私に向かって投げているなんて思わないわけですよ。後で、「馬場さん、頭にコブが出来たのよ」と言ったら、「ああいうところでは後ろにも目をつけておかなくちゃ。特にアメリカは危ないからね」って言われて笑われたけど(笑)。

——馬場さんのアメリカでの成功レベルですが、今の日本のメジャーリーガー達を超えるものだというのが当時のギャラが物語っていますね？

私は凄くラッキーだったし幸せだったなぁと思うのは、馬場さんがアメリカのプロモーターに可愛がられ、大事にされていると共に私まで大事にしてくださったということ。チャンピオンであっても、そのワイフであってもスペシャルじゃないの。「何であの人があんなにスペシャルな扱いをされるの？」と思っているワイフもいたけれど、レスラー達やプロモーターは、馬場さんのワイフだから仕方がないと言っていたほど、私だけはスペシャルだったんです。

——その信用が、のちのち全日本プロレスを立ち上げた後に、プロモーターとして大輪の華を咲かせるに至るわけですが、馬場さんのその成功の秘訣とは何だったのでしょうか？

それは秘訣なんかじゃありませんね。馬場さんが試合でお客さんを入れたからです。

——いたって単純な理由なんですね？

そう、単純なんです。

——いい試合をしてお客さんを呼んだという？

プロモーターの意向もちゃんと聞いた。紳士的だし、お客さんも入れる。それ以外何もありませんよ。

——でも、普通儲けさせると、それに伴いプロモーターとの金銭トラブルがありそうですが、馬場さんはそういうことはなかったんですね？　プロモーターの思いを図り、いい試合をしたんですね？

そうだと思います。ただ、当時は馬場さんとプロモーターの間にマネージャーが2人入っていて、馬場さんには一切本当のギャラを教えなかった。でも、それに対してマネージャーに怒ったこともないし、それはそれでいいと思っていたようなんです。

——ピンハネされても、まぁ、いいかという？　その後の全日本プロレスに来たレスラー達の凄い顔ぶれを見ると、とんでもない信頼度だったとわかります。世界の人気プロレスラーが一挙に全日本プロレスに集まったかのような豪華さでしたね？

レスラーの馬場さんに対する本当の思いというのは私達にはわからない、それくらい大きなものだと思います。ただ、日本人にはそれを理解出来ないと思いますね。

——元子さんなりに敢えて解釈すると、それは一体何だったと思われますか？

多分それは……他のレスラーは苦労をしていないからですね。アメリカのプロレスラーは何かのグループに所属せず、自分個人の名前で活動している人がほとんどなんです。それで、いかに馬場さんと契約してもらえるかを考える。プロモーターに気に入ってもらえるにはどうしたらいいか。もう、それしかないわけです。日本人レスラーは大きな木の下にいて、ぬくぬくと温かく育てられていました……。

――それが団体に所属しているということですね？

そう、団体ですね。それだとやっぱり、馬場さんに対する思いも違いますよね。

――馬場さんは日本からひとりで渡米して、そこでどうしたら成功を掴めるか、プロモーターに喜んでもらえるか？――ゴマをするような人ではありませんが、身を持ってそれを体感したんでしょうね？

だから馬場さんがよく言っていたのは、「彼ら、レスラー達は、家族を故郷に残して日本に出稼ぎに来ているんだ」ということ。家族と離れている時間が長く何週間にもなるわけじゃないですか？　でも、アメリカ人のワイフは、お金は欲しいけれど、一緒にもいたいって人が多い。だから離婚のケースもいっぱいある。そういうのにもちゃんと相談に乗ってあげていたんですよ。

――日本に来るレスラーの本当の気持ちがわかっていたんですね？

そう、馬場さんだけはね。

――確かに、我々には想像も出来ないことですよね？

だから私は、本人には何もお土産はあげないけれど、ファミリーに対して何か出来ないかを常に考えていました。赤ちゃんが産まれたら、「おめでとう」と言ってプレゼントを持たせる。そういう家族に対するケアは私の役目。馬場さんの役目はリングの上で彼達を守ってあげることでしたね。

——それは馬場さんが元子さんに頼んだわけではなく？

自然にやっていましたね。馬場さんの仕事がそれで円滑に行くならいいことですからね。

——少し話が戻りますが、日本プロレスを辞め、全日本プロレスを旗揚げ（昭和47年10月）するという大きな分岐点を迎えますが、その時、元子さんは馬場さんからどんな風に相談を受けたんですか？

相談というような感じではありませんでした。1から10まで、最初からずっと、公式な席での皆さんとの話し合いの時から私は同席しているんです。馬場さんはそこが素晴らしいと思う——「うるさいから向こうに行っていなさい」なんてことは絶対なかったですね。

——まさに公私に於けるパートナーですね？

馬場さんが今、何に困っているか、何を考えているか、それは言われなくてもわかりましたね。

——日本プロレスを日本テレビとテレビ朝日の両方が放送するという時代がありました。しかし、馬場さんの試合はテレビ朝日に流れることがない契約でした。しかし、当時の首脳陣が馬場さんの試合を契約を無視してテレビ朝日に流してしまった。そこから一気に日本プロレスは日本テレビの信頼を失い失速して行きます。それをきっかけに馬場さんは全日本プロレスを旗揚げするに至るわけですが、そういう歴史的な分岐点をも側で見ておられたわけですね？

はい、それに絡む件でＮＥＴ（＝テレビ朝日）と赤坂で会うと言って馬場さんが出かけたことを覚えています。のちにそれは、テレビ朝日が馬場さんを買いたいということだったと聞きました。金額的には全然違うんですよ。もうね、雲泥の差だったんです。

——日本テレビの契約金と比べると、ということですね？

そうです。テレビ朝日は日本テレビよりも後で作られた会社だから、どこかで日本テレビを追い越したいとの思いもあったんでしょうね。だけど馬場さんが、そこで日本テレビを選んだというのは馬場さんの意思ですからね。不義理は出来ないということだったんですね。

——日本プロレス時代から大変お世話になったという？

そういうことですね。テレビ朝日さんが提示したものは、金額からしてケタがひとつ違うという感じでした。その選択というのは、困っている老舗を取るか、新しいところを取るかでした。まさに、どっちがいいかということ。でも、結果的にお金で動くようなことはありませんでしたね。

——のちに日本プロレスに辞表を出し、全日本プロレスを旗揚げされるわけですが……。

そう、やらなきゃいけないということなら、じゃあ、やりましょうって感じでしたね。

——率直にどう思われましたか？

もうね、当時の日本プロレスというのは死に体だったんです。経営者がいない——みんな、会社のお金か個人のお金かわからなくなっていて、お金の取り合いになっていました。お客さんは入るけれど、そういう会社だから、馬場さんがいくら働いても自分の思い通りにはならない。やっぱり先輩の言うことは聞かなければいけないわけですからね。そんな状態の日本プロレスを守って行く情熱は馬場さんにはなくなって行きました。そんな頃、猪木さんは新日本プロレスを旗揚げされた。で、日本テレビさんも、馬場さんが新しい団体を作るなら馬場さんに付くと言ってくださっていて。そこで馬場さんは決心されたんだと思います。

——自然の流れと言いますか、団体の長になると覚悟を決めてくれるなら日本テレビも完全にバックアップしてくださるということですね？

日本プロレスを何とか立て直そうと努力をした時期はあったんですよ。でも、古い体質は変わらなかったし、何もかもどんぶり勘定で会社経営を出来る人がいなかった。それはもう、しょうがないですよ。

——元子さんも覚悟を決められたんですね？

いや、覚悟なんてしていませんよ。馬場さんが、「やるよ」と言えば、「そうですか」って言うだけです。

——心配もしないという？

そう、心配なんてしていません。

——自信がありつつの船出を側にいてお手伝いをされたという感じでしょうか？

そうです。馬場さんのやることは間違っていないと思っていたから付いて行けたんですね。

——そこから具体的な策を講じて行かれたんですね？

そう、すべて具体的でしたね。社員をどうするか、アメリカの（レスラーを手配してくれる）ブッカーをどうするか、すべて具体的に話し合って決めました。別に何も困らなかったですね。

——それだけ馬場さんには、経験も知識も人脈も、応援してくださる方も、そしてある程度のお金も揃っていたということなんですね？

私の中ではそんなに大層なことじゃなかったんです。馬場さんが右に行くと言えば、じゃあ右に行きましょうっていう自然な感じでした。お金もスポンサーさんも、何もかも揃っているという、そんな計算が馬場さんの中には出来ていたとは思うけれど、私の中では、それが大事じゃなかった。馬場さんのやる気だけでしたね。だから、馬場さんがやりやすい会社でないといけなかったんです。

——プロレスの歴史上、全日本プロレスの旗揚げを我々は大きな分岐点的に見てしまいがちですが、もう、本当に流れるように行き着いた場所だったんですね？

そういう風になっているんだろうなと私は思っていました——なっていると言ったらおかしいけれど、そういう流れにありましたね。そういう流れにはさからっちゃいけないんですね。

——実は元子さんは馬場さんとの結婚をご両親に反対され、家を出ておられました。旗揚げの時期とご結婚は同じ時期でしたが、ご両親は、馬場さんが団体を作り、そして元子さんが馬場さんを支え経営を共にするということに対して理解を示してくださったんでしょうか？

結婚を反対され家出をして、ロスとハワイに住んで、そののち、結婚をしましたと言って帰ってきた。それで、その後に馬場さんと一緒に会社をやりますと言いました。特に両親に許可を得なければいけないことは何もなかったし…。

――実のところ、ご両親は随分心配をされたでしょうね？

……でもね、その頃のテレビ局の力というのは凄く大きいですからね。

――ああ、今とは全然違うでしょうね。

そう、テレビ中心の時代でしたからね。テレビ局がついていれば、心配はないってことだったんじゃないかと思いますね。

――お父さんもお母さんも、「大丈夫か？」って感じでもなかったという？

母は一切そういうことには介入しません。私は父にこう言ったんです――「今の日本プロレスはダメな会社です。だから馬場さんは馬場さんが理想とするプロレス団体を作りたいとおっしゃっている。それに私は協力したいから馬場さんと一緒にこっちの道に行きます」って。そうしたら、「そうか…」と言ってくださいましたね。

――ああ、理解を示してくださったんですね？

そう、それ以外には何も言われなかった…。

――ご結婚へのお許しも一緒に頂いたみたいなものですよね？

もう、事後承諾です。「結婚しました」「…しょうがないね」って（笑）…というか、私の性格を父は百も承知でした。言い出したら聞かない。何かやりだしたら止まらない。とことんやる。今、止めても私は止まらないだろう――そういうことだったんじゃないでしょうか。実はとても困ったとは思うんですよ。興行というのは水商売だし、父はそういうものには一切タッチしていない、見たこともない業種だった。そういうところに私が入ってやれるかどうかを随分心配したと思います。馬場さんは業界の悪しき習慣を切り捨て、そうではない近代的な経営をしたいと言っていました。それで父とは話がついたんです。父とはそんなに深く話はしないし、心配もかけないし、心配をかけるようなことを私もしない。だからと言って安心はしていなかったと思います。でも、テレビ放送をちゃんとやってもらえているということを見れば、そんなに心配もなかったんじゃないかと思いますね。

――そんな旗揚げから早くも全日本プロレスは黄金期をスタートさせましたね？

そうですね…私が一番面白かったのは、馬場さんが私を自由にしてくださったことなんですね。

――どういう意味ですか？

女性が馬場さんと一緒に仕事をするというか、馬場さんは奥さんと一緒に仕事をしようと思っていたのか、思っていなかったのかはわかりませんが、そういうことに対する抵抗は全然なかったんです。馬場さんは何の差別もなく、「あなたはワイフだから家にいなさい」なんて言葉は聞いたことがないんですね。どこでも一緒。アメリカでも日本でも一緒でした。馬場さんの横には私がいる。私の横には馬場さんがいるっていう感じでした。

――それはもう、当たり前のように、当たり前のように？

そう、当たり前のように。その中で、「馬場さん、私はこういうことがやりたいんです。やってもいいですか？」とお願いする中で一番最初に言ったのがTシャツの制作と販売です。そういうものを会場ではまだ誰も売っていなかった時代だったんです。

――まだ、いろんなものが揃っている物販をする時代じゃなかったんですね？

そう、「Tシャツを作って売りたいの、いい？」って。そしたら馬場さんは、「ああ、いいよ。でも、会社には損をさせちゃいけないよ」と言われました。「じゃあ私、自分の会社を作る」って。

――それが〝ジャイアントサービス〟ですね？

そうなんです。

――元子さんは何でそう思われたんですか？

私はTシャツが好きだからです（笑）。

――（笑）凄くストレートで単純ですね？

そう、ハワイでTシャツで過ごすのが好きだったし、アメリカってTシャツの文化じゃないですか？　そういう時代だったんです。これに馬場さんの絵を描いて会場で売れば、売れるだろうなって。

――それは旗揚げ直後ですか？

そうです。馬場さんのイラストのTシャツ、あれはギネスブックに掲載されるんじゃないかと思うくらい、延々と続いたものです。実際あれが一番よく売れましたね。

――Tシャツですか…先見の明がありましたね？

まず、Tシャツを作り、その次に馬場さんのタオルを作りたいと思ったんです。会社のお歳暮やお中元を何にするか、いつも迷っていましたからね。そこで、馬場さんのイラストの入ったタオルを作って、お歳暮なんかにみなさんにお贈りしました。そしたら宣伝にもなるし、何にするかもう迷わない。いろんなところで一石何鳥でしょう？　同じ値段で外で買ったものを贈ってもつまらないじゃないですか？

――もらった人も嬉しいですよね？

そう、オリジナルですからね。そしたら、みなさんとても喜んでくださった。

――素晴らしいですねぇ（笑）。

そういうことを馬場さんが自由にさせてくれて。その代わり全日本には一切迷惑をかけないってことを約束しました。後はもう、自由に作らせてもらいましたよ。

――キャラクターグッズなんて言葉がまだない時代ですよね。ビジネス的に成功したんですね？

馬場さんが時々私をからかって、「儲かりまっか？」って言って（笑）。で、私は、「まだ儲かりません（笑）」って。それをきっかけに、「じゃあ、サインをしてあげるよ」と言ってくださってね。

――それであの、グッズ売り場での馬場さんの定位置が始まるんですか？

そうなんですよ（笑）。

――馬場さんがそこに座ると売上げは何倍にもなりますよね（笑）？

でもね、メインイベンターが試合前に顔を出すというのは……ああいうことをやっていいのかとか、いろいろ言われたけれど、でも、馬場さんはそういうことを全然気にしませんでした。ファンサービスが大事だと思われたんでしょうね。周りからは、私だけが儲けていたように見えたかもしれないけれど、そうじゃないんですよね。レスラーだって自分のTシャツを作ってもらえば嬉しいし、しかも売上げの10％をもらえるわけだし、お小遣いになるんです。

——ロイヤリティービジネスを同じ興行会社の中で出来るし、人気が出れば売れるわけですよね。しかし、元子さんはビジネスマンですね？

そういうところは、自慢じゃないけれど父親の血やDNAがちょっと入っているんです。いかにみなさんに喜んで頂くか、ファンに喜んで頂くか、そういうことを考えるのが凄く好きなんですよ。

——馬場さんは自由にしてくださったんですね。「女房は会社のことに口を出すな…」と考えがちですが、馬場さんはそういうのは一切なかったんですね？

そう、いろんなことを周りから言われても、馬場さんは、「言いたい者には言わせておけ」っていう方でした。その代わり、私がギャーって怒っていると、必ずその叱った子を呼んで慰めていました…。

——ちゃんと見ておられたんですね？

そう、「相手も一生懸命にやっている。だけど失敗もするんだ。それが人間。大人しい子でも窮地に追い込むと何をやるかわからないよ。逆にぶつかってくるよ」とよく言われましたね（苦笑）。

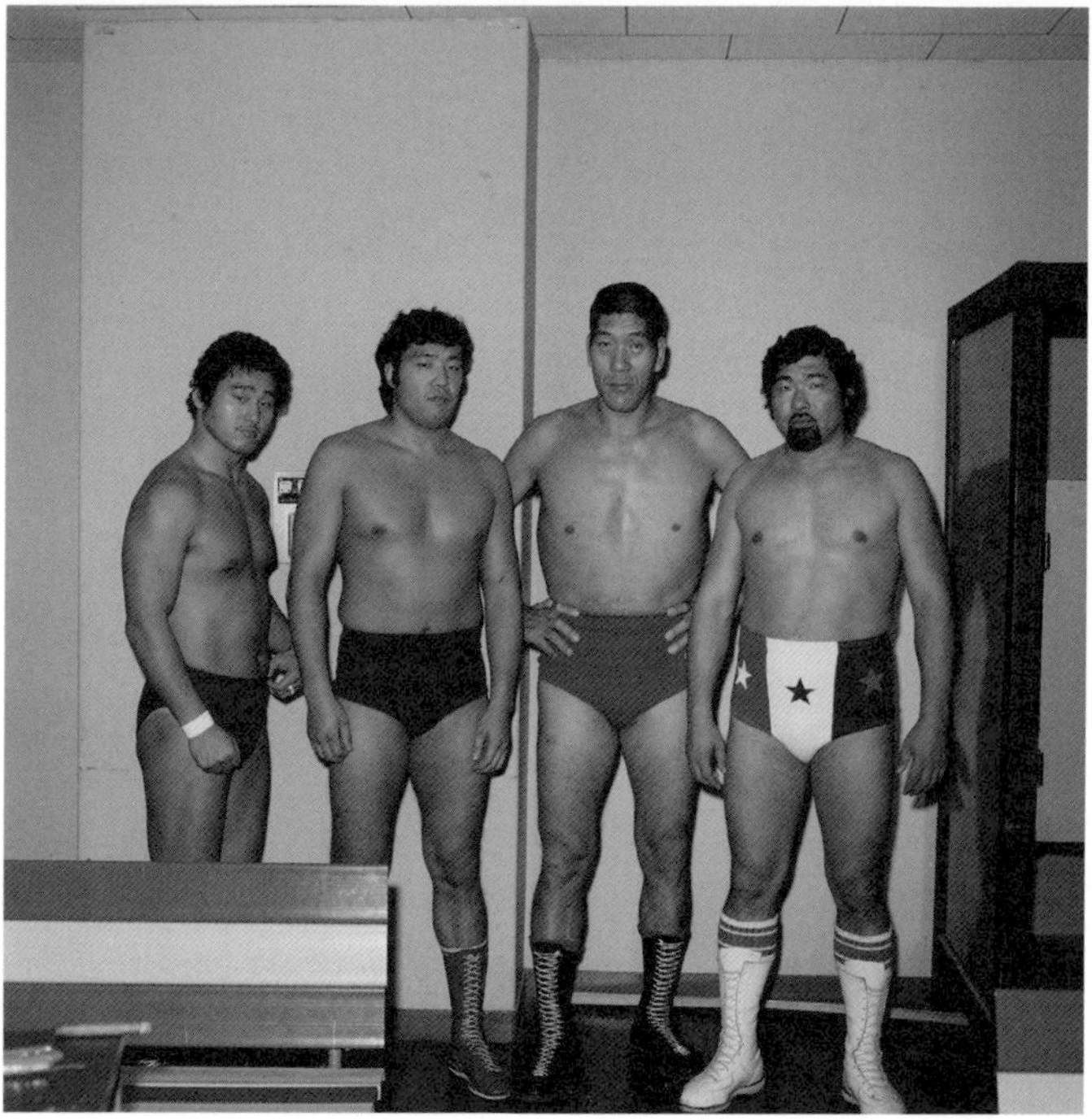

［第二章］

七回忌前 I

Interview Data

2004年5月4日
（ホテルオークラ新潟）

故郷・新潟／三条

伝説の母校での凱旋興行

新潟の食

馬場さんの死

馬場さんのお墓

馬場さんと元子さんの全日本プロレス

30周年

――馬場さんの故郷・新潟の町を二人で歩くなんてことはありましたか？

新潟の町を一緒に歩くなんてことはなかったですね。でもね、新潟に来ると食事はいつもここ（ホテルオークラ新潟）でしていたので……だから何と言ったらいいか……（ホテルの下に流れる信濃川や萬代橋を眺めながら）当時と同じ風景なんですよねぇ…。

――少し胸がドキドキするんですね？

……やっと慣れてきたんです。こうして新潟に来て、ひとりでホテルに泊るのは初めてなんですよ。ひとりは…馬場さんがいる時もなかったし、亡くなってからも、レスラーみんながいる（巡業地のホテルの）ところに行って泊るのは数えるくらいしかなかったですね。

――馬場さんが亡くなられてから、巡業先に行っては、そこでいろんなことを思い出したでしょうね？

…そうですねぇ……例えば新潟のこのホテルに来ると……園田くんというレスラーがいたんですよ。

――ハル園田さんですね？

はい。彼が飛行機事故（昭和62年11月28日・南アフリカ航空２９５便墜落事故）で亡くなったのを……それを聞いたのは北海道だったんですけど、そこから新潟に移動し、このホテルで記者の人達と詳しいニュースを待っていたんです…。

――馬場さんがプレゼントした新婚旅行途中での出来事でしたね？

そうなんですね……だからあの時は馬場さんが一番ショックを受けていたんです。

――そうでしょうねぇ…園田さんがまだ若く、31歳の時でした。

……ここにいると、そういう切ないことを思い出しちゃうんです……私ね、今日、故郷の三条に行ってきたんですよ。6年ちょっとぶりに（馬場さんの実家の）お墓にも行ってきました。馬場さんが亡くなってから一度も行ってなかったですからね……。

――今日は節目の日なんですね？

…私ね、いろんなショッキングな出来事があったから、三条が好きじゃないんです。馬場さんが亡くなった時、お部屋に上げたのはごくわずかな方だけでした。皆さん外でお別れしてくださったんですよ。そこから私と本当の身内だけで桐ケ谷斉場に向かったんですが、その後に三条の、とある要職に就いている方が来られたんですよ。で、留守をしていた者が、桐ケ谷斉場に向かったことを話しちゃったんですね。それで何の面識もないその人にそこに来られ、最後の最後のお別れを勝手にされてしまった。しかもね、そこにいるみんなに名刺を配って…。

――そんな時、随分失礼なことをしますね？

そうなんですよ。レスラー達も名刺をもらって、「あ、この人は三条市の…」と思ったそうです。

――そうだったんですか…。

それで私は怒ってしまった――「人の家に土足で上がって来るような人は許せない‼」って。何の用だったかと言うと、三条の市議会で馬場さんを名誉市民にするというのが通ったからってことでした。でもね、私は要らないって断りました。しかもその頃ちょうど三条では選挙を控えていたんですね。

――ひょっとしてパフォーマンスだったんでしょうか？

いや、真偽はわかりません。私としてはその選挙が終わり、しかも市民のみなさんの思いで頂くなら頂きたいと思いましたよ。その後、その人を含む8人くらいの方が会社に来られたんですよ。そこで、「あなたがなさったことを、もう一回みなさんの前で言いましょうか？」と私は凄く怒り、さらにこっぴどくその人を罵倒しちゃったんです。そういうのって皆さん初めてじゃないですか？「えっ？」って感じになっちゃった。私の言っていることは、相手にとってぐうの音も出ない出来事でした。でもね、「どうしてそういう失礼な…」なんて話をしている時にもその人は、「私は東京の会議のついでにお悔やみに行ったんだ」と言ったんですよ。「ついで？　…そんな人には来て欲しくはありません‼」って。それを聞いたみんなもびっくりしちゃって、「もういいから、あなたは黙っていなさい」みたいになって、周りの人達が彼を黙らせたんです。とにかく私はその人を許さなかった。そんなことがあって、名誉市民を頂いても馬場さんに汚点がついちゃうからとお断りをしました。文部省も国民栄誉賞とか、いろんなことを考えてくださったんですけど、亡くなってからそういうものを頂いても……。

——嬉しくないですよね？

そうなんです。そしたらね、「〝ナイスカップル〟というのを差し上げます」という話をあるところから頂いたんです。私は、「それならください」と言ったんですよね（笑）。

——それは２人で頂けるものですからね？

そう、それは私が半分頂けるものだし、そういう風に見て頂けたのは私にとってとても嬉しいことでしたからね。で、三条のことですが……本当はもっとここには来なきゃいけないなぁと思ってはいるんです。でも、何かね、馴染めないんですよ……。

——馬場さんの故郷ですから、本当は三条や新潟のことはお嫌いじゃないんですよね？

何たって馬場さんの故郷は新潟の三条だし、チャンスがあれば仲良くしたいと思うんです……だから、本当は嫌いとかそういうんじゃないんです……でも、三条の市議会を通ってしまったものを戻すというのは大変なことだし、そういうことをやったことで私はだいぶ有名人になっちゃいましたからね（苦笑）。私の実家は兵庫県の明石なんですが、向こうの方が馬場さんにはよくしてくれたんですよ。

――新潟人としては辛い話ですねぇ…。

私の兄と馬場さんは歳がひとつしか違わなかったんです。兄は交通安全行事やロータリークラブの催しなど、ことあるごとに馬場さんに、「ちょっと頼む」と言ってきました。馬場さんも、「いいっスよ」って感じで全然嫌だと言わない。県立明石公園にロータリークラブと全日本プロレスの名が一緒に入った阪神淡路大震災復興の石碑があるんです。民間のいち企業が、そういうところに名を入れるなんてことは今までなかったそうです。しかも、馬場さんと同じ大きさの2メートル9センチの石を探して石碑を作ってくださって、しかも除幕式まで行なったり、そんな風に馬場さんにいろんなことをやってくれた。明石の方が馬場さんに対して優しかったんです。まぁ、逆に言えばこき使われたんですよ（笑）…だけど馬場さんは嫌な顔ひとつせずやった。興行に何らプラスになるようなことじゃない。ボランティアみたいなものです。例えば、「お金のない留学生の為に何か出来ないか？」と言われれば、全日本プロレスから寄付をしたり…つまり、積極的にアプローチをされると馬場さんはノーとは言わないんですよ。

――新潟の馬場さんのファンから何か声が挙がればいいなぁと思いますが…。

そう、私も新潟で何か――馬場さんの出身地だから何かお返しが出来ないかなぁと思います。明石市なんてすぐに、じゃあ記念館を作りましょうよって話ですぐに人が来られたり…。

――記念館の予定があるんですか？

いや、具体的にはないんです。本音を言えば、私は作りたくないんです。

――それは何故ですか？

最後は誰がその記念館を守ってくれるのか。途中で放っぽり出されるのは嫌なんです。お寺を記念館にすれば、小僧さんやお坊様が守ってくれるかなぁと思ったこともありましたが、今はお寺も運営出来ずに売りに出ているところもあったり。そんなことを言って、「お寺を買ってください」と言われても困るなぁって（苦笑）。行政とはやりたくないし、石原裕次郎さんみたいにあそこまでちゃんとビジネスとしてやっちゃえばいいんでしょうけど…中途半端なことをすると馬場さんが気の毒だなぁって思うんです。私が生きている間は誰も馬場さんのものは触りません。だけど私がいなくなったら――だから、保管する倉庫だけはきっちりとしたものを作っておこうとは思いますけどね。

――ビジネスを考えた記念館の運営というのは確かに大変でしょうね？

ただね、運営費とかそういうものなら私は馬場さんに充分に残してもらっていますからね。今住んでいるマンションや馬場さんの好きだったハワイのマンションや軽井沢の別荘は売りませんけど、「七回忌が済んだら、それ以外はみんな売っちゃう。そのお金で何かを建てようかな」なんて言ったり（笑）。馬場さんとは何のつながりもない静岡の過疎地の村おこしにどうですか、なんてお声も掛けて頂いたりもしたんですが、「そんなところに馬場さんの…いや、馬場さんは富士山が好きだったし、そこから見えたらいいかもなぁ」なんて調子のいいことを言ったりしてね（笑）。

――明石の方がいいかもしれないですね？　馬場さんと最初に出会った場所ですしね？

うーん…でも、馬場さんはどうかなって。やっぱり新潟の人にあまり冷たくされても……馬場さん嫌なんじゃないかなって思ったりして。

――新潟と言えば…日本プロレス時代に三条の母校で行なった凱旋興行（昭和39年7月23日・三条実業高校グラウンド）で友人に裏切られたというショッキングな出来事があったらしいですね？

そう、そのことで私と馬場さんはすぐに結婚出来なかったんですよ。

――お金に絡む問題でしたか？

………結婚のことで馬場さんと私の父が会ったんです。父は本当に私のことを馬場さんが養って行けるのかを聞いたんです。馬場さんは、「勿論、養っていけます」と答えた。父は重ねて、「だったら今、君は幾ら貯金があるんだ？」と聞いたらしいんですよ。

――随分ストレートですね？

それは父がプロレスという仕事を見たこともタッチしたこともなかったからなんです。どういうシステムでお金を得ているのか。一試合幾らというギャラと言ってもわからないわけです。馬場さんは、「今のギャラはこれくらい。それもこれからどんどん上がって行くと思います。これくらいの貯金もありますから…」と言って帰った。でも、しばらくして、その三条の興行に絡んだ人が、〝馬場さんの後継人〟だと語って父のところにやって来たんです。しかも、「実は、馬場には借金がありましてね…」と言ったんです。父はね、「馬場くんは嘘をつく人じゃないのに…」と思いつつ馬場さんに連絡をしてきて、「君は貯金があると言ったけれど借金もあるんだって？　君の後継人だという人がやって来てそう言ったんだ。どうなんだ？」と聞いた。実際、馬場さんには借金はなかったんです。でも、当時父は、そういうことがあったことを私には一切話しませんでしたけどね

――その人は一体何者なんですか？

…三条時代の、ひとつかふたつ先輩の人ですね。

――馬場さんはその人を信用して興行を手伝ってもらったんですね？

そうなんでしょうね…その、三条での凱旋興行は超満員になったらしいんです。

――それはそれはもう、伝説になっているほどです。

そう、凄かったんですって。でも、せっかくの興行収益をその人が使ってしまった。馬場さんは興行が終わって、その収益を貯金した通帳だけを見せられたんです。そしたらそれを担保にお金を借りられてしまったんです。それで結局お金が返せなくなった……父に言われ、馬場さんがチェックしたら、お金は担保になっていて、借りたのはその人だったというのがのちにわかった……。

――しかし、とんでもない事件ですね？

……私達にとっては、単なるお金の問題とかそういうことじゃなかった。父が最初に

怒ったのは、馬場さんが嘘をついたということだったんです。

――馬場さんは嘘をついてはいませんよね？

そう、確かに馬場さんはかわいそうなんですけど、父は馬場さんの〝責任〟だと言い切りました。「そんな風に人がいいだけでやっていたら、お金なんて幾らあったって足りない。最終的なお金のチェックを君がしないからこういう目に遭うんだ。もっとちゃんとやりなさい。娘を幸せにするには、そういう人をガードしなくてはいけないんだよ」って凄く叱られたんですね。

――厳しいですけど、いいお父さんですね？

だから馬場さんはウチの父のことが大好きでしたね。凄く尊敬してくれて。よく、父の前に行くと緊張して金縛りみたいになって（苦笑）。だから、「指でピーンって弾いたら、ビーンって音が鳴りそうだなぁ」って私は思っていたものですよ（笑）。

――お二人のキューピッド役ですものね？

（笑）父ってあまり人を怒らないんです。あの父からどうしてこんな娘が育ったんだろうと思うくらい、父も兄も、とても温厚なんです。

――元子さんは違うんですか？

（笑）私は違うんです。

――馬場さんとは陰と陽の関係と言いますか、いいバランスですよね？

そうですね、私は深く物事を考えないし、何か失敗しても、今日は失敗したけれど、次にしなきゃいいんだって思うタイプ。もう、ケ・セラセラって感じですから（笑）。

――僕はなかなかそうなれなくて…。

新潟の方は割とそうですよね。よく言えば堅実ですけど、フレンドリーじゃないなぁって…。

――しかし、せっかくの凱旋興行で地元の友人に裏切られるというのは、新潟人にとって、とてつもなく辛くショッキングな出来事です……。

……そうですね……私達の結婚を長引かせたのは本当にそこからなんです。やることなすことすべてがうまく行かない。馬場さんのお父さんが亡くなり（昭和43年11月）、少し経ってお母さんが亡くなられたんです（昭和46年7月）。その時……その張本人が、お線香をあげたいと私達の東京のマンションにやって来た。私は、「あなたの顔なんか見たくない。しかも、お線香をあげるのはここじゃありません。あげるのは三条の実家です。あなたはここへ来れる人じゃない」って家の中に入れなかった。馬場さんもそれっきりでした。それまでは、「平ちゃん、平ちゃん」って何だかんだと慕ってきていたけれど…やっぱり騙されたというのが大きかったんです。これで縁が切れて良かったという感じでした。

――ジャイアンツに入団する時も、そしてプロレスラーになって成功を収めた時も、一番最初に喜んでくれたのが故郷の友人だったはずですからね…。新潟が嫌いになっていたのかなぁと思ってしまいますが?

…お母さんが亡くなり、お姉さんの代になると、ちょっと足が遠のくというのはありましたね。しかも、利用される時だけっていうのが何か……馬場さんも面白くないところだったんでしょうね。

――だから、出来ないことは言わない。人を裏切ってはいけない。他団体に移ったレスラーは二度と使わないとか、いわゆる〝約束〟を重んじる馬場さんの考え方になったんでしょうね?

アメリカで成功し、帰国してからもプロモーターとして成功を収めることができたのも、そういう経験があったからだと思うんですよ。今、バスケットとか、アメフトや野球の方が凄いお金を取っていますよね? それと同じくらいの…。

――いや、馬場さんはそれ以上だったという話ですよね?

はい、「そのお金、何処に行っちゃったの(笑)?」と時々冗談で言っていたんですけどね。だけど馬場さんって割と、お金には動じないんですよね。

――欲がないということですか？

ううん、それは違います。欲張りは欲張りですよ（笑）…人間ですからね。自分で稼ぐということはしますけど、例えばトレードされるとか、何か、おいしいお話があったとしても動かなかった。テレビ朝日さんが馬場さんを買いに来たこともありましたからね。

――えっ？　それは本当ですか？

（笑）いつだったでしょうねぇ…でもね、あり得る話なんですよ。あの当時で何億ですからね。

――馬場さんはそんなことでは動かないでしょうけれどね？

凄いお金で呼ばれたけれど動きませんでした。日本テレビ、金曜日夜8時のテレビ放映でずっと三菱電機の――私達は会長と呼ばせて頂いていたんですけど、会長にずっと放映スポンサーになって頂いていたので、その恩義というか――東北や北陸の人はそれを重んじますよね。私のような関西で育った人間はもっと上手に生きて行きますけどね（笑）。

――だから僕は馬場さんのことが大好きなんです。駆け引きや裏表がないというイメージですが？

それが出来ないからいいんですよね。私なんかそういうことがある度に、「また、幾らか損をした」と愚痴りつつも、その話はそれで終わっちゃいますけどね（笑）。いつだったか、ある方の借金の肩代わりというのか、約束手形というものを知らないで馬場さんが保証人になり、その手形が変なところに行って、どうしても馬場さんが払わなければいけないことがあったんです。手形だから遅れるわけにいかない。それで馬場さんは、何の面識も縁もない、とある銀行に飛び込んだんです。

――（笑）突然ですか？

（苦笑）そう、そこのトップの方に会わせて欲しいと言ってね。向こうもよく会ってくれたと思いますよ。そして、「お金を借りたい」と言った。しかも、3千万円（苦笑）…。

――（笑）凄い額ですね？　…でも、既にトッププロレスラーですから、もしかしたら馬場さんなら貸してくださるかもしれませんね？

会ってくれた相手も凄かった。で、「お金を借りるのはいいけれど、お金を大事にするのか、名誉を大事にするのか、馬場くんはどっちだ？」って聞いたそうです。馬場さんは、どっちを言えばいいんだろうと一瞬考えたけれど正直に、「お金はいつでも返せます。でも、一度傷ついた名誉を回復させるのは並大抵のことじゃない。今まで自分がやってきたことをマイナスにはしたくない。だから自分は名誉が大事です」と言ったんですって。「そうか。じゃあ、お金を貸してあげよう」ってポンと貸してくださったらしいんですね。

――その発言で銀行の方は人間そのものを見抜かれたわけですね？

馬場さんの場合、とてもいい出会いがあるんです。でもね、それ以来馬場さんは約束手形を絶対会社では使わなかった――「あれはもう、こりごりだ」って。あれっていくらでも書けるじゃないですか？　書いたら書いただけ、そのツケが回ってくるわけですよ。

――約束したことに厳しいのは、その教訓からだったんですね。で、馬場さんにとって新潟や三条の思い出となると、やはり子供の頃の出来ごとだと思いますが、いくつかの著書の中で、お父さんと長い道のりを歩いて行った、弥彦での海水浴のことが最も印象的ですよね？

そうですよねぇ…一年に一度、唯一の親子行事だったようですね。たくさん歩いて大変だったけれど、辿り着いて見た海が何と綺麗で感動したかとか、お母さんににぎってもらった大きなおにぎりが美味しかったこととか、よく話していましたね。馬場さんは日本海で、私は反対の瀬戸内海。海の色が違うんです。私はよく、「馬場さん、日本海の海の色は汚いですよ」と言っていたんです。

――季節にもよりますが、日本海もとてもいいですよ。

日本海は暗いですね。特に冬の日本海はとても寂しい。私達は興行で全国を廻りましたけど、日本海は上から下までそういう印象ですね。でも、瀬戸内海は冬でもポカポカしていて明るいんですよ。そういう海の色の違いを見ていると、これが馬場さんと私の違いなんだなぁというのがよくわかりますね。

――日本海…夏の海は特にいいんですけどね。

きっと馬場さんの子供の頃の夏の思い出もそうなんでしょうね。

――夕日が海に沈むシーンはとても素晴らしいですよ。

だけどね、夕日が沈む時の、もの悲しさが日本海にはあるんですよ。でも、瀬戸内海で夕日が沈むのを見ると、「また明日も元気に頑張ろう」という感じがするんですよね。

――なるほど。気になるのは…馬場さんは新潟のことを好きでいてくださったのでしょうか？

…勿論、生まれ育ったところですからね。いろんなシーンで折りに触れ新潟のことは話していたし、特に食べ物なんかは、やはり新潟のものが好きでしたね。今日も三条で郷土料理ののっぺ（＝古くから伝わる新潟の代表的な郷土料理。里芋、にんじん、ごぼう、椎茸、鶏肉、銀杏などを小さく切って薄醤油のダシで煮たもの。里芋のぬめりとたっぷりの汁が特徴）とタケノコの煮たものを頂いてきたんですよ。それとね、私がお正月に作るのは新潟風のお雑煮なんですけど、最初は、こんなのはお雑煮じゃないと思っていましたよ（笑）。

――野菜がたくさん入っているお雑煮ですね？

そう、たくさんの野菜が入っていてね。イクラを最後に入れるんですけど、あれが白くなるのが嫌で、「私はこれだけは入れたくない。イクラは生で頂く方が美味しいですよ」なんて言っていました。馬場さんはね、お雑煮は関西風も関東風も嫌いなんです。新潟のお姉さんに少し教えてもらったりして、本当の味を知らないまま何とか新潟風のものを作ってみたんです。そしたら、「まぁ、こんなもんだろう」と言って食べてくれましたよ。しかも、新潟は、そんなお雑煮とアンコのお餅を両方食べるんですね。こんな、辛いものと甘いものを交互に食べて…なんて思いましたよ（苦笑）。

――それを交互に食べるのが新潟風なんですよ。

そうなんですよね。それと、お餅は湯餅ですから、時には、「柔らかく煮すぎだよ」って叱られて（笑）。だから、お正月は失敗出来ないぞって緊張しながら作っていましたね。のちのち、レストランの人や会社の人に、「これが新潟風のお雑煮です…」って教えたら、新潟のお雑煮ファンが増えちゃいましたね。

――美味しいでしょう？

いや、私はあまり（苦笑）…。

――僕は子供の頃、日本全国、お正月に食べるお餅はこういうものだと思っていました。お雑煮とアンコのお餅を交互に食べるところは意外とないんですよね？

ないですよ、そんなところは（苦笑）。

――大晦日には必ず食べるものがあって…。

あ、ひょっとして鮭を焼きますか？

――勿論です、「赤い魚を食べないと歳をとれないよ」と言われて育ちましたから。

（笑）そうなんですよねぇ…それで馬場さんは必ず、12月の暮れになったら、「三条に鮭だけは送ってくれよな」と言っていましたからね。

――荒巻鮭（＝塩引鮭）ですね？　鮭は勿論ですが、新潟の大晦日はどの家庭でも凄いごちそうが並びます。そういう子供の頃からの習慣はいつまでも心に残りますよね？

そう、それが馬場さんの中にも残っていたんですね。お雑煮も一年に一回作って楽しんでいました。もう、すっかり私の味になっちゃいましたけどね。それと、〝ごよ〟ってご存知ですか？　中華の八宝菜を食べると、くわいみたいなのが入っていて。サクサクしているお野菜。それだけひとつひょいっと取って、「お、これは、ごよだな」と言って食べていて。私はね、「ごよなんてお野菜はないですよ」って言ってましたけどね。お姉さんに、「ごよって何ですか？」って聞いたら、里芋みたいなお野菜なんですね。そういう何か、小っちゃな頃に覚えた味が忘れられなかったんでしょうね。後はね、昔は納豆にお砂糖をかけて食べていたと馬場さんは言っていましたね。

——(笑)新潟ではあまり聞かないですね？

そう、「それは甘納豆でしょう？」「違う違う、これに砂糖をかけて食べたんだ」って。

——(笑)それは馬場家だけじゃないでしょうか？

(笑)どうなんでしょうねぇ。でもね、山形の方だったか、ウチもかけますと言っている方がいましたよ。

——馬場さんは大の甘党ですから、アンコのお餅は大好物だったでしょうね？

そう、お正月にアンコなんて最初はびっくりしましたよ。それとほら、おせち料理ってあるじゃないですか？　それをちゃんと作って出しても、「こんなのいらないよ」って言われて…。

——新潟は大晦日の御馳走や元旦のお雑煮が重要で、おせちの重箱は重要じゃないんです。

そうなんですよね。一生懸命に三段重ね、四段重ねを作って出しても、「何これ?」って。食べるのは玉子くらいでしたから。「とにかく子供の頃、アンコのお餅は、お腹がパンパンになるまで食べた」と言っていましたね。

――食の思い出が、イコール新潟の思い出なんですね?

やっぱり年を重ねる度に子供の頃に食べたものが懐かしくなってきていましたね。後はやっぱり笹団子。新潟の近くに来たら、どこにでも売っているじゃないですか?ドライブインで見ると、「売ってるよ」って言うんです。「わかってます。でも、これ、新潟のじゃないでしょう?」「それだっていいじゃないか? 買って食べようよ」って(笑)。私は笹を剥くのが上手に出来ないんですけど、馬場さんはするーって笹を上手に剥いて食べるんですよ。

――笹団子は、昔はどの家庭でも作って食べていたものです。お節句の時期なんて必ず…。

今日も新潟駅前を歩いていたら、近くのお店から笹のとてもいい香りがしていて、帰りの馬場さんへのお土産はこれだなって思って……私はね、新潟が嫌いなんじゃないんですよ。嫌な思い出はどこにだってあります。だけど、とてもショッキングなことが馬場さんの生まれ育ったところで起きたのは確かなんです。明日の新潟でのトークショー（平成16年5月5日・新潟県民会館小ホールにて開催）に元新日本プロレス専務取締役）新間（寿）さんをお呼びしたのは失敗かなって（苦笑）。ある人に、「何で元子さんが敵の人とトークをやるんですか？　あの人、僕は嫌いなんです」と言われたんです。ファンの人ってそういうものなんだって。新間さんを自分なりに理解はしていたつもりなんですけど、ファンはそうじゃないんですね。まずね、馬場さんの故郷・新潟で七回忌前のトークショーが出来ればと思ったんですが、人選が強烈すぎました（笑）。でもいつか、新潟で一週間くらいの展示会が出来たら…違う意味で新潟との誤解が解けたらいいかなと思っています。

――本当にいつか新潟で〝ジャイアント馬場展〟が開催出来たらいいですね？

そう、ガウン、ベルト、リングシューズ、できればキャデラックも見せてあげたい…。最初から大々的にやろうとは思わなければいいんです。最初にどこかでやって、次にまたどこかでやるっていう。以前、後楽園ホールでやった時は成功したんですよ（平成12年1月29・30日「ジャイアント馬場展示会〝馬場さんが帰ってきた〟」）。

――あれ以来やっておられませんね？

そう、やっていません。あれは場所も良かったですしね。ただ、新潟や地方では、その地元の方々のお力添えがないと出来ませんからね。

――確かにそうでしょうね。で、大変聞き辛い質問なんですが、馬場さんのお墓は何処におつくりになられたんでしょうか？

まだ馬場さんはお家にいますよ。実はね、ウチの父が亡くなった時に――父は次男ですから新しく墓地を買ったんです。で、父の隣は甥が買ったんですが、まだ元気ですからお墓は建っていないんです。馬場さんとお墓参りに行った時、甥の反対隣も空いているのを見て、「周りが寂しいね」と言っていたんです。しかも、そこのお坊様にその場所が空いているかとどうかを伺っていて。で、兄からも、「実は、父の隣の場所が欲しいと馬場さんが言われているけどどうする？」と聞かれ、「馬場さんがよければいいんじゃないの？」って。で、結局、父の隣を馬場さんが買っちゃったんですよ。

――えっ？　何故なんですかね？

そう、何でそこを買ったのか。その理由を聞けばよかったんですけど聞かなかったんです。

――きっと、お父さんのことがお好きだったんでしょうね？

きっとそうだと思いますね。「横が寂しいじゃないか？」「寂しいと言ったたって…こんなところ、今から買って早く死んじゃったらいけないじゃないですか？」とは言っていて…。でもまさか、本当に隣を買うとは思わなかったですね。

――元子さんが馬場さんのお墓を建てたくなったら、そこに、というお考えですか？

私は馬場さんにひとりでお墓に入って欲しくないんです。お坊様から、「早く建てなさい、早く土に戻してあげなさい」と言われるんですけど……雨が降ったら傘をさしてあげなくちゃいけないし、雪が降ったら寒いし、夏になったら暑い………って、そんなことを思っていたら落ち着きません。身内にはね、「私（＝元子さん）が亡くなったら一緒にお墓に入れてあげるから、という人もいますから」ってお坊様には言っているんです。今、一緒に家にいるし、しかも、いつも一緒だと思えるのは、まだ馬場さんがひとりで旅立っていない…そういう風に思えるんです。本当はいけないことなのもかもしれないんですが、あるお坊様は、「その方が寂しくないんですね。だったら元子さんの好きなようにするのが一番いい」と言ってくださいます。

――元子さんの書かれた、『ネェネェ馬場さん』を読ませて頂いたんですが、その中で、元子さんが何故に今もお墓をつくらないのか、それとわかるエピソードがあります。例えば、ヨーグルトをお皿に入れ、しかも、そこに一緒にスプーンを置かないと馬場さんは一切食べなかったんですよね？　…そんな生活が当たり前だったなら、お墓に入れても気が気じゃないですよね？

（笑）ねぇ？　でもね、馬場さんはそんなに手がかかったわけでもないんですよ。今でもお供えをする時、紙にくるんであるものを剝いてあげないと気が済まないんです。私が留守の時、留守番の人に馬場さんにおやつを頼むと、包んであるそのままを出しちゃう人がいるんです。そうすると凄くシャクに触るんです――「馬場さんが食べられないじゃない？」って。とにかく、馬場さんがすぐに手が出せるようにしておくんです。最近、「お箸は使いにくい」と言っていつも左手でフォークを使っていたんですよ。だからお仏壇にお供えをするものにはフォークも一緒に添えて。皆さんによく注意されたんですよ、「フォークが反対側を向いてるよ」って。「いや、これでいいんです。馬場さんは左手で使ったんです」って。この頃は誰にも言われなくなりましたけれどね。仕事柄、右手が陥没してしまい、お箸なんかが使い辛かったんです。私と馬場さんは、今もそのままの生活をしているんですよ。

――まだ、匂いとか空気感と一緒に暮らしているという感じですね。まだ土に返すというのは…。

そう、思えないんです。私と一緒に帰ります。でもね、私、長生きするんですよ（笑）。

――馬場さんの分もですね？

そう、馬場さんの分を今、楽しんであげてるっていう。馬場さんはこうしたかったんだろうなって…。

――元子さんは馬場さんが亡くなられた時、その死を公表することを当初躊躇されたり、それ以前の、闘病されていることの一切を秘密にしていましたよね？

……………親しかった人に、「元子さん、何で僕を呼んでくれなかったんだ？」ってよく言われました。何で私が馬場さんのことを隠そうとしたかと言うと、今になったらわかると思うんですが、ファンの人達も馬場さんと親しかった方も、今、馬場さんのことを思うと……あの（馬場さんの）笑顔を思い出せるんです。その方がいいんじゃないかと思ったからなんです。「最初は教えてもらえず、ちょっと寂しかったけど、お陰で馬場さんの笑顔を思い出すことが出来るよ」と言ってくださる方も多いんですよ。

――それはよくわかります。馬場さんの魅力というのはそこで、僕も子供の頃から大ファンですけど、試合会場でお見かけして遠巻きに見ることはあっても、とても近づいて話すなんてことは出来ませんでした。そこに居るだけで充分というか…今でも姿や顔は脳裏に焼き付いていますからね。

そういう方は多かったですね。話しかけたかったけれど、馬場さんの前に行くと話せなかったって。この間もどなたかが、「何度か（大好物の）大福を持って行ったけれど渡せなくて…それが心残りでした」って。月命日になると大福が届くんですよ。「代わり映えしないけれど…」って。

——ああ、わかります。恐れ多くて近寄り難い何かがあったんです。そんな馬場さんが、何かの拍子にニコッとされる、あの笑顔が忘れられないんです。

（笑）そうですよねぇ…でもね、会場なんかでは随分細かいところまでよく見ていて、それで私達はしょっちゅう叱られました。「おい」って呼ばれ、「はい」って行くと、「向こうから何番目のあの子、絶対何か欲しいんだよ。行って聞いてやれよ」って。で、その子のところに行って、「何か欲しいものがあるの？」って聞くと、特に地方の子って自分からはなかなか言えないらしくて、「………これの、このサイズをください」って答えるんですよ。「あ、本当だったんだ」ってことはよくありました。

——そうですかぁ…馬場さんが物販コーナーに座られているのを遠くから拝見していましたよ。

プロレス会場に行くと、やっぱり馬場さんの音楽（＝『王者の魂』）が鳴らない、「ああ、馬場さんがいない。こんなところに来るんじゃなかった…」って思う。それからは行かなくなりましたね。

——プロレス会場で『王者の魂』を聴きたいですね…。

実はあれ、馬場さんバージョンの他に私バージョンもあるんですよ。私が全日本の社長を引き受けた時、リングに上がらなくちゃいけなかったじゃないですか？　で、「元子さん、音楽は何にしますか?」と聞かれ、最初、「私はいらない」と言ったんです。そしたら、馬場さんのスローバージョンを作ってくださった。それと、メモリアルの時のバージョンと合計三つの『王者の魂』があるんです。でも、馬場さんバージョンを聴くと一瞬にして会場での馬場さんの姿を思い出しますね。ちょっと猫背になって歩く、あの姿を思い出しちゃいますよね……。

――『王者の魂』が会場に流れるだけでコアファンは興奮して呼吸困難になっていましたから(笑)。

(笑)馬場さん、特に最後の頃はリングに上がるのを楽しんでいましたよ。私が印象的だったのは、大腿骨を骨折(平成2年11月30日、ザ・ファンクス組と帯広市総合体育館での試合でリング下に転落し左大腿骨を亀裂骨折)してから、復活の試合(平成3年6月1日・日本武道館)ですね。記者の人達はみんな、馬場さんがどっちの足からリングに入るか? を凄く注目していたんです。そしたら、怪我をした左足からリングに入った。「ああ、やっぱり馬場さんは凄いなぁ」って思いましたね。馬場語録でね、「自分にはスポンサーはいない。自分のスポンサーはファンの皆さん達だ。だから大事にしなくちゃいけない」っていうのがあって。それを今、凄く感じるんですよ。あの時リングに入る足のことひとつとっても、ファンを大事にしていたという証拠なんです。

――それを、当時よりも、今感じるんですね？

当時の馬場さんの言葉をそんなに重く受け取ってはいないんです。しかも、右の耳から左の耳でした（笑）。そんな話を他の誰よりも私は多く聞いているんです。それこそ同席したインタビューでしょっちゅうね。今のプロレス界は……全日本プロレスファンのみんながほとんど去っちゃいましたからね。新しいファンなんて、私が会場に行っても私のことをわからないくらいの状況になっています。だからこそ、今、レスラー達が考えなきゃいけないのは、ファンを大事にするってことなんですね。

――確かに今のプロレス界はおかしいです。だからこそ節目に馬場さんのことを話題にすべきだと僕は思うんですが？

私もそう思いますね。実は、七回忌追善興行の詳細がまだ何も決まっていないのにチケットを――稚内の向こうの江差というところの人や、鹿児島の地図で言う端っこに暮らしている方も買ってくださった。そういうのを見るにつけ、ファンを大事にして欲しいなぁと本当に思うんです。興行が一年先なのに、まだ何も決まっていないのに、「絶対に行きます」と言ってチケットを買ってくださる。これ、一年間貯金してくださるのと同じですよね？

――有難いですね。突然スポンサーが現れたとしたら、そこには必ず何か思惑がありますからね。だから、なおさら馬場さんの言葉は重いですね？

私もそう思いますね。本だって、買ってくださる方がスポンサーですものね？

――その通りです。

ですよね？　買ってくださらなくなったら部数が減って広告も取れない。

――馬場さんからいろんなことを学ばせて頂いています。そんな馬場さんが亡くなられて5年ちょっと経ちました……この間、元子さんにとってはどんな時間だったのでしょうか？

……そう、やっと……最初はもう、本当にしっちゃかめっちゃかでした。自分がどうなっているのかすらわからないという感じでした。でも、馬場さんがこうなるというのを最初から知っていたのは私だけなんです。誰にも相談しませんでした……最後の日がいつか、というのは病院の先生もわからない。でも、12月の末になって、もしかしたらこれは早いなっていう私のある種の勘というのはあったんです。それで1月に入ってから、そんなに長くないっていうのがどんどんわかってきて………でも、心の準備とか、そういうのは一切考えず……というか、そんなことは出来ませんでしたね。

――元子さんひとりで抱えるには、あまりにも大変な出来事ですよね？

……その時に、とてもいい先生がおられて…馬場さんが、よく休んでいるという時間帯にその先生のお部屋に行っては、辛い話を聞いて頂きました。先生には、「ここで泣いてもいいけど病室では決して泣いてはいけないよ」ってキツく言われていましたから……。

——…親交のあったアナウンサーの逸見政孝さんが若くして亡くなられたこともあり、以来、とても身体を気遣っておられたようですが…11月の検診で何の問題もなかったのに、何で12月の時点で手遅れの状態になるのか、ファンとしてとても憤りを感じるのですが？

……私は今でも、担当された内科の先生に対して怒っていますよ。

——何で訴えなかったんですか？

……訴えると……馬場さんが悲しみます……。

——……だって、間違いなく診断ミスじゃないですか？

12月時点でずっと風邪だと思っていたんです。でも、この風邪はおかしいなぁと思いながら…凄い熱が……40度くらいの熱が出たんですよ。

——馬場さん、キツかったんですね？

そう、でも、馬場さんは試合会場に毎日行っていました。でも、バスからは降りない。

バスもガンガンにヒーターを入れていて。私達がそこにいられないくらい熱くしているんです。それでも、「寒い」と言って。「馬場さん、熱が出ているんですよ」って……。あの時のシリーズは、ずっとあたたかいスープを召し上がっていましたね。ホテルのルームサービスのないところでは、どこかから必ずあたたかいものを調達してね。しばらくして欠場し、そして入院……。私ね、今思っても不思議なんですけど、どうやって……ひとりになるなんて思いもしなかったわけですよ。で、ひとりになったら毎日が何か凄く変なんです。朝起きてからが……とっても、何か………空虚っていうんですかね? …何というんですかね? ……1日がつまらないですし、何で私がお仏壇の前でこんなことをやっているの? みたいな、そんなことを考えていました…。

——元子さんは、野球選手の馬場さんを好きになったわけでも、プロレスラーの馬場さんを好きになったわけでもないですからね? まさに全生活に於けるパートナーでしたからね?

……亡くなってから最初の一年なんて本当にそんな感じで過ごしました。今でも鮮明に覚えているんですが、初盆の時に提灯が部屋いっぱいになったんですよ。それを見ていると、本当に電気をつけなくてもいいくらい、部屋の中は明るいんですけど、でも、とっても寂しいんですね。明るいんだけど寂しい…お花は常にいっぱいある。馬場さんは規則正しい人だから、おやつをちゃんと毎日日替わりで食べていたから、今日のおやつは何にしようかと考えお供えをするとか、そういうので気を紛らわせていたのが……今でも月命日にはお坊様に来て頂いているんですけど……本当に当時は、ひとりでどうなっちゃうんだろう？　って思いましたよ……でも、それは、恐怖とかじゃないんです。

――それは何なんですか？

……わからないんです。

――不安ですか？

ううん、不安でもない。別に、馬場さんは死んじゃったから、死に対しては何の不安もないんです。

――喪失してしまったという事実に対して狼狽しているという感じですか？

何なんでしょうね？　ただ、一緒に楽しめない、悲しめないというのが……一緒じゃないっていうのが、凄く……何で一緒じゃないの？　っていうのがあるんですよね。

――一緒にご飯を食べて、「これ美味しいね」と言い合えないという？

そう、だから、ご飯も不味いですし、何をしても楽しくない。それで周りの人がとても心配して、「誰かがついていないとどうかなっちゃうよ」と言われていたんですけど、私は、「妙なバカなことはしないよ」とは言っていました。馬場さんは1日でも長く生きたかったはずだし、そういうバカなことは考えないけれど、別に食べなくても平気だし、寝なくても平気だった……私は夜が嫌いなんですよ。

――夜は、大切な人の死という事実や喪失感と向き合わなくてはいけませんからね？

そう、夜が嫌いですね。今でもそれが続いていて、明るくなるまで起きていたり…外が明るくなったら安心して眠るんです。だけど午前中には電話があったり、宅急便屋さんが来たり、いろんなことがありますよね？　馬場さんのご飯もちゃんとしなくちゃと思うので午前中にはちゃんと起きるんですよ。だけど、明るくならないと寝られないっていう時期はしばらくありましたね。

――どれくらい続きましたか？

…本当に何年も続きましたよ。ラスベガスのお友達が心配して何度も、「こっちにいらっしゃい」と言ってくださるので――「ラスベガス…馬場さんが好きだったなぁ」って。で、急に思い立ってラスベガスに出かけたんです。まだ、ハワイには行けなかったんですよね。

――ラスベガスより、思い出がたくさんありますからね？

で、ラスベガスに行ったら、なおさら空虚感が……馬場さんがいつも遊んでいたテーブルの横を通ったりすると、つい、馬場さんを探しちゃうんですね。

――そうでしたかぁ……それはキツいですね？

…来るんじゃなかったなぁって。もっといるつもりが4日くらいで帰ってきちゃったんですよ。

――楽しく過ごしたところですからね？

そう、コーヒーショップに行ってメニューを見ると、馬場さんはいつもこれをオーダーしていたなぁとか、いろんな思い出が溢れてくる。ホテルの人達も覚えていてくれて挨拶してくれるけど…これはダメだなぁって。何をしても楽しくないんです…。

――亡くなられてからすぐと、そして何年か経った時間の差はあれ、きっと今でもそうですよね？

そうなんですよね。ハワイに出かけたのは、それから一年くらい経ってからなんです。馬場さんもハワイに行きたいだろうからって。で、今度はお坊様と一緒に行って、ハワイでお経をあげて頂こうって。ハワイはすべての人がウェルカムでした――「よく、帰ってきたね。もう来ないんじゃないかと心配したけど…」ってすべての人が一緒に泣いてくれた……やっぱりハワイの人はあったかい。人の温もりですね。日本よりいいなと思いましたよ。やっと自分が行けるところがひとつ出来たなって。だから今でもハワイにはよく行きますね。

——そこにも馬場さんとの楽しい思い出がいっぱい詰まっているはずですが、ひょっとしてハワイも辛かったら居場所がなかったかもしれないですね？

そうですね、そしたら今の元気な私にはなっていないと思います………それと、私を立ち直らせてくれたのは、ノアの人達ですね（笑）…。

——えっ？　それは意外な発言ですね？

そう、だって彼達が馬場さんを裏切って出て行っちゃったんですから…。レスラーってみんな同じことを言うんだなぁと思ったんです。私に、「（全日本プロレスの）株をよこせ」と言ったんです。そう言われて、そして、こう言い返したことをよく覚えています——「ポッケに入っているゴミでもあなた達にあげるのは嫌です」って。

——はぁ………。

ゴミなんて捨てちゃいますよね？　それでも嫌だと言ったんです。あげたくないって。

——そこまでの感情になるまでにはいろいろなことがあったということですね？

…馬場さんのものに関しては一切手を触れて欲しくない。そのまま置いて行って欲しいって。だから、誰かが何かをくださいとか、今となっては誰も何も言いませんが…。

――ノアが出来たことによって全日本を守らなければいけないという気持ちになったんですか？

そうじゃないんです。私はこれで全日本プロレスを閉じるなら閉じたっていいと思っていました。ただ、ノアについて行かなかったレスラーや社員が残っていましたからね。その人達の面倒はみてあげなきゃいけない。それで彼らにチョイスをさせようと思ったんです。「どうするの？」と聞いたら、「意地でも全日本をやって行きたい」と言ったから、「意地で会社は成り立つものじゃない。やって行きたいならやってもいいけれど、私は30周年になったら辞めます。それでいいんですか？」って。そしたら社員も、「それでいい」と言ったんです。

――元子さんは節目が来たら全日本プロレスを封印してもいいと思っていたんですね？

その時は27年半くらいだったんですが、それで出来なきゃ出来ないでいいし、馬場さんのやっていたことを続けようとか、そういう思いは一切なかったんです。

――なるほど…馬場さんが亡くなられた時、正直言って全日本プロレスはどうなると思ったんですか？

多分、何も考えられなかったですね。まぁでも、選手達が、「やって行きたい」と言いましたからね。だから、「どうぞ」って感じでしたね。

――三沢（光晴）さん達ですね？

そう、「あなたが社長をやるならどうぞ」っていう…。

――でも、のちに、ゴミでもあげるのは嫌だと思うに至ったわけですよね？

……彼達のやっていることに対してタッチしたくなかったし、する気もなかったんです。プロレスの雑誌を見るとかテレビを見るとか、会場に行くとか、そういうのは一切したくないと思っていましたから。

――それは何故ですか？

…私は馬場さんみたいには出来ませんから。

――当たり前のことを聞いてすみません…そうでしょうねぇ。

そう、誰も馬場さんみたいには出来ませんよ。

――馬場さんが亡くなられてからプロレス界がおかしくなりましたね？

そう、なりましたね…。

――やはりニラみを利かせる人がいなくなったということに尽きますよね？

でもね、馬場さんってそんなにニランではいなかったんですよ。ただ、馬場さんに知られたら困るとか、そういう怖さはあったと思います。今は、誰がどこに所属しているレスラーなのかわからない状態じゃないですか？

――はい、今はなおさらわからなくなりましたね？

…馬場さんは全日本を敢えて鎖国にしていました。全日本がどういう団体なのかを一番わかっていたのが馬場さんだったと思うんです。若い人達は、もっと新しいことをやりたいと思っていますけど、でも、現実にノアが一番全日本らしいじゃないですか？

――………その通りですね…。

彼達は、「新しいプロレスをやる」と言って出て行ったんです。でも、全日本がやっていたことと同じことをやっていますよね。

――僕もそう思います。だから僕は今、どの団体のプロレスを見るかというとノアなんです。

そうですよね？　ノアの人達の考え方が間違っていたとか、間違っていないとか関係なく、もう、テレビ局が後ろについていましたから、彼達はその時点で勝てないんですよ。

――しかし、馬場さんがプロレス界のルールだったと僕は思うんですが？

他の人がやっても自分はやらないというのがあったし、何が大事かっていうのは、しっかりわかっていましたよね。

――そうですねぇ…何もしないということではなくて、ファンがとても頼りにしていたのは、沈黙を貫いていても、やるべき時はちゃんとやる、という怖さを持っていたことだったんです。

馬場さんはだまって見ているだけじゃなかったですからね。やり返す時には、ちゃんとやる。で、その最大の相手が、明日新潟で一緒にトークをする(当時日本プロレスの)新間さんなんですけど(苦笑)…。

――(笑)何故にお話の相手が新間さんだったんですか?

新間さんは新日本を辞めてから、いろんなところで馬場さんと会っていたんです。新間さんは猪木さんについて行って、それでも騙され騙され、何度騙されたらこの人はわかるんだろう? っていうくらい騙されて。遂にはいろんなところで新間さんも猪木さんの文句ばかり言ったりしていて。私ね、新間さんが新日本で仕事をしていた時、好きとか嫌いとかじゃなくて、こういう人が馬場さんについていたら、馬場さんも楽だろうなと凄く思ったことがあるんですよ。

――本当ですか?

ええ。やり方には、好き嫌いはありますよ。

——生粋の全日ファンであった僕なんかからすると、憎むべき相手だったりしますけれどね？

でもね、あの猪木さんに対する尽くし方、これは異常ですよ。

——馬場さんが何も言わないことをわかっていて攻撃を仕掛けて来るんだなぁと思いました。本当にイライラしましたよ(笑)。

でも、そこで馬場さんが凄く偉かったのは、新間さんが辞め、猪木さんもちょっと引いた感じになり、トップが坂口さんになったでしょう？　そこで初めて新日本と話し合おうってことになったんですよ。だから、ちゃんと人は見ていたんですね。

——それが結果的に新日本の東京ドーム興行(平成2年2月10日)での鶴田、天龍、タイガーマスクら主力選手の派遣につながったんですものね？

そうでしたね。「選手を貸して欲しい」と言われたら、約束を破らなければヘルプをするっていうのが馬場さんの考え方でした。で、新間さんとはどんな接点があったかと言うと、実はいろんなつながりはあったんですよ。新間さんの息子さんがメキシコで仕事をした時にも馬場さんは、「直接的なヘルプは出来ないけれど何か出来ることがあればいつでも言ってくれ」と伝えていてね。そりゃあ私は猪木さんや新間さん、新日本は好きじゃなかったですよ。ただ、私もちょっと変わっているのか、「敵ながら、ようやるわ」って気持ちがどこかにあったんですね。

——ほお、そういうものでしたか？

ビジネスとして考えた時、〝敵ながらあっぱれ〟っていうのがあるじゃないですか？　話題の出し方や言い方——常に馬場さんを見据えていろんなことをやってくる。ああいうのはとても嫌いですけどね。新日本は形から入るんですよ。事務的なことでも何でも。いいデスクがあって電話があって。メモ用紙もレターヘッドもみんな揃っていて、それでスタートする。全日本は机がなくてもいいんです。

——そうなんですか（笑）？

姿や形じゃなく、心からそれをやっていれば、いつかは実を結ぶだろうというのが私達の考え方でした。どちらかと言ったら地味ですよ。新日本と全日本は凄く対照的だったんです。だから良かったんじゃないかと思うんです。

——新間さんは行ったり来たりでしたね？　裏切られたと言って離れてみたり、でも戻ったり…。

本心は猪木さんが好きなんですけど、裏切りの数が多すぎて、もう、ついて行けないみたいなことだったんでしょうね。でも、猪木さんに涙を流されたら許しちゃうというか、甘いところもあるんですよ。でもね、あれだけ猪木さんに尽くした人はいない。

そういうところが私はバカなんですよ――「馬場さんにもあんな人が欲しい。何でウチのはちょっと間が抜けているんだろう」と思ったり(苦笑)…。

――僕は全日本に於ける新間さんという存在は元子さんだったと思っていましたが？

私と新間さんの違いは――新間さんは表に出ている人で、私は裏方じゃないですか？

――確かに裏方でしたが、新間さん以上の存在感を放っていた気がしますが？

私は表に出ようと思ってはいませんでしたよ。馬場さんがすべて自分でアナウンスメントもして、いろんなことを言って行くよりも、新間さんのように取り仕切る人――事務所を取り仕切る人がいたら楽じゃないですか？

――黙して語らず、出来ないことは言わない。そして、約束を守るということが、いかに大切なことか。それは時間が経った今、なおさらわかることですよね？

その通りですね。でも、時間が経たなければわからないってことなんですよ。

――それは確かに……。猪木さんの育てた選手も勿論素晴らしいですが、馬場さんが育てた選手というのがいかに素晴らしいか、僕は今、ようやくジャッジしてもらえる時が来たと思っています。三沢さんも小橋さんも川田さんも素晴らしいですよね？

…あのね、新日本さんの東京ドーム興行は花道が凄く長いじゃないですか？

あれ、全日本出身の人は歩けませんよ。

――パフォーマンスということですよね?

そうです。どっちのプロレスが好きかということであって、それはファンが決めることなんです。私達の決めることじゃないんですよ。

――好みの問題ということですね?

そう、好みの問題です。だから馬場さんは馬場さん流に育てたということ。それで良かったと思います。

――つまり、両雄・水と油が並び立ったから良かったということなんですね?

そうなんです。そうじゃなかったら繁栄はありませんでした。今は名実ともにトップの人がいないじゃないですか? みんな、どんぐりなんです。じゃあ、「誰がトップ? 誰が一番強い?」と言っても、やってみなきゃわからないっていう。試合は上手だろうとは思うけれど、でも、どれだけ人を魅きつけるものを持っているかと言ったら、今は飛び抜けている人はいませんものね。

――今のプロレス界を見渡すと…それは小橋建太さんじゃないですか?

でも、三沢くんがいる限りダメです。

――選手としてですよね?

大きいですし、華もあるんですけど、そこで敢えて三沢くんが小橋くんに華を持たせてあげないとレスラーはトップに立てませんよね。

――少し持たせ始めたんじゃないですかね？

…今、私は見ていないからわかりませんけど、それならもっと小橋くんが出てきてもいいんじゃないかなって思いますけどね。

――今の全日本プロレスは武藤敬司社長が牽引する団体で、明らかに馬場さんが作られたものとは異なります。名前や団体が現存することを元子さんはどう感じていますか？

…難しいんですよねぇ………いや、もうね、私の全日本は30年で終わったんです。

――馬場さんと元子さんの全日本プロレスですね？

そう、30年までが私達の全日本プロレスだったんです。その後、武藤さんがもう少し全日本プロレスを育ててくれるはずだったんですけど、今は何か、しっちゃかめっちゃかになっちゃって……今の人達は、全日本プロレスという看板だけを取っちゃったんですね。で、その看板についていた馬場さんを捨てたんです。それは全日本と言いながら違うもの………本当は馬場さんを捨てちゃいけなかったんです。

――全日本プロレスと名乗るなら、なおさらそうですよね？

でも、彼達は馬場さんから教育を受けていませんからね。全日本の看板だけを取っちゃったら重たいですよ。新日本さんと同じ歴史がある。日本では二番目に古い歴史を持っているわけです。そうすると看板が重すぎて沈没しそうになっちゃう。それが今の全日本じゃないですか？

——全日本プロレスと名乗って欲しくなかったということでしょうか？

今やっている人達は、それが全日本だと思っているんですからしょうがないですよね。それを私は訂正しようとも思いません。ただ、全日本と語るからには、やっぱりもう少し先輩達の…ジャンボにしてもそうですけど、そういう人達に敬意を払ってもいいんじゃないかなって。何をしなきゃいけないかっていうのを彼達は忘れていると思うんです。それを教えなかったのが渕くんや和田京平くん達——彼らに全日本イズムを教えなきゃいけなかった。でも、みんな楽な方に流れて行っちゃった…。

——川田選手に先日インタビューさせて頂いたんですが、社長業というものにはこれっぽっちも意欲はなかったという印象でしたが？

意欲があるとかないとかいうよりも、今の全日本は重すぎてちょっと支えきれないんじゃないかな。

——難しいんでしょうねぇ…。

そう、難しいところに来ちゃったんです。いや、今の人達がそうしちゃったんですね。

――全日ファンの皆は川田さんだったんですが？

うん、だったら渕くん川田くん、和田京平くんの３人が武藤さん達に教えなきゃいけなかった。

――教えを受け入れるような方々だったんでしょうか？

私は改めて思うんですけど、全日本で育った人というのはとても弱いところを持っているんです。それはね、馬場さんという大きな木の下にいたからなんですよ。みんな雨も知らない風も知らない。風が吹いたら馬場さんが立って風をよけられるようにした。雨が降っても傘を馬場さんがさしてくれた。だから、雨にも濡れない。そういう育ち方をしちゃったから戦うってことを知らないんです。いや、リングの上での戦いは知ってはいるんですよ…。

――馬場さんはリングの中と外の両方で常に戦っていたということですね？

馬場さんは常に戦っていましたね。外とも戦っていたし、中で若い人達との戦いもあったでしょうし…。

――逆を言えば、そういうことを敢えて教えはしなかったということですね？

それはまだ自分が現役でやっていたからでしょうね。リングの上のことは最初に入って来た時にイチからみんなに教えたんですが、経営というのはセンスの問題ですからね。

――馬場さんはそれをいずれ誰かに託そうと思っておられたでしょうか？

……あるとすれば、私は30周年が節目だったと思いますね。

――ご存命であったらという？　具体的に誰々を後継者に、というようなお話を元子さんにしていたなんてことはあったんですか？

そういうのはなかったけれど、私が馬場さんによく言っていたのは、「何かあったら、全日本プロレスの看板をキャラデラックに乗っけて持って帰りましょう」ってこと（笑）。

――つまり、全日本プロレスは馬場さんと元子さんだけのものであるということですね？

そう、だから次の人達は自分達なりの新しいものをやって行けばいい。30周年でクローズしても構わないというのが私の考えだったんです。馬場さんは苦笑いされていましたけれどね。

――つまり、全日本プロレスはジャイアント馬場一代で完結という？

そうでないと持ちこたえられないと私は思ったんです。

――今の新日本、全日本、そしてノアを見ていると、いかにアントニオ猪木、そしてジャイアント馬場という存在というのが…。

…そう、偉大だったかってことですね。

――そんな馬場さんの七回忌追善興行がこれから予定されていますね（平成17年2月5日に日本武道館にて開催）。

会社を引き受けた時、全日本プロレスを30周年で辞め、その後3年したら七回忌を迎えるわけですが、そこでは何らかの形の追善興行をやりますとも言っていたんです。次の十三回忌のことは今の私の頭の中には何もないんです。ただ、七回忌まではきっちりとやりたいというのは、会社を引き受けた時に思っていたことなんですね。

――目前に迫った節目だけはやりたいということなんですね？

そうです。既にフリーの人や、いろんな団体の人から参戦したいという申し込みがあるんですが、中身がはっきりしないのに、この人が、あの人がああ言ったと早々と言っちゃうと彼達の働く場所を狭めるような気がするんです。最近、天龍さんも全日本を離れちょっとおとなしくなっていたので、「そんなことを言わないで…七回忌追善興行まで頑張ってください」とその時から言っていましたから。そしたら、「じゃあ、三十三回忌まで頑張りましょう（笑）」なんて言われて…そんなことを言われても（笑）

…私は幾つになってるの？　って感じですけどね（笑）。

――七回忌はプロデューサーとして何を伝える興行になればいいと思っていますか？

今の、何が何だかわからないようなプロレス界じゃなく、やっぱり人として筋を通して欲しいんですよね。そうすれば自然とまとまって行くんじゃないかと思うんです。いつまでも、俺が俺がとか、あんなところに出たくないよとか、そういうことを言っている…「そういうことを言えますか？」って質問を今度してみたいですけどね。

――そういう意味でもノアの選手には出て頂きたいですね（結局参戦は実現しなかった）。

強制はしません。出たい人は出てくれればいいし、ただね、みんながいろんな思いを抱えているわけですよね。そこに団体というものがあれば難しさもあるでしょう。ただ、その日、一日だけのことじゃないですか？　でもね、週刊プロレスに書かれていた記事が――私は読んでいないから平気なんですけれど、今の若い記者の方が何で書いちゃったのか、それはよくわからないんですけども…。

――どんなことだったんですか？

何か、非協力的なことをノアの人達が言っていたということ。でもね、そういうので世の中を通しちゃいけないと思うんです。リング上でやっていることを路上でやったらつかまっちゃいますよね？　それと同じで、それぞれ人の道というものがあるだろうと思うんです。だけど、この日だけは馬場さんのことを思ってリングに上がりたいと思う方だけが上がるのが一番いいんじゃないですかね。

――非常にシンプルな考えのもと成り立っている興行ということですね？

そう、だから無理やりお願いしたり、あんな人は上げないでくださいという人まで上げるというのは…。でも、試合に出る出ないは別にして、来てくださった人を無碍に断る理由もないですし…。

――平成11年5月2日、ジャイアント馬場「引退」記念興行を拝見させて頂いて、ただひとつ非常に残念だったことがあるんです。実は一番大事なところで、馬場さんのテーマ曲である『王者の魂』が流れなかったんです。七回忌追善興行の時には是非…。

そうでしたね。東京ドームではリングに向かって歩いて行くのに凄く時間がかかるんですよ。セレモニーだからそんなに時間を取ってはいけない…そう思っていたら、何で『王者の魂』が鳴らないの？　って。

――せっかくの引退試合でした…。

後でみんなが責任のなすり合いをしているんですよ。そういうことじゃないでしょ？

と思いましたよね。みんなの気持ちがひとつになっていれば、すべて乗り切れると思ったんですけどね。

――あれは単なるスイッチの押し忘れですか？

うーん…テレビ局が中に入っていましたから、そっち側の操作ミスだと言う人や、テレビ局は聞いていないと言うし…聞いてなくたってそれくらいわかるんじゃないかと思うんですけどね。

――馬場さんがおられないと、そういうことになるってことですね？

いや、違いますね。馬場さんはすべてを見ています。本当によく見ていてちゃんとわかっています。実はね、「あ、この人にやられたなぁ」と思い当たる人がいたんですが、でも、終わったことだから仕方がないと思うことにしました。結局その人は全日本を辞めてノアに行きました。あのね、今でも、そういうことがちょくちょくありますよね。ちょっとした用事で午前中に全日本の事務所に行ったんです。私が電話を取るということは普段ほとんどないんですが、何故かその時偶然私が電話を取ったんです。そしたら、使ったキャッシュカードの支払いが滞った電話だったんです。そういう事務的な処理というのは、とても大事なこと。そんなことを私が知るとね、「今の全日本、おかしいじゃない？」って抗議しますよね？　そういう風にすべて私に教えてくださる――「おいおい、やってるぜ」と馬場さんは伝えているんです。

――(笑)馬場さんはどこで操作しているんでしょうね?

(笑)それは家で。そういうことだけじゃなく、いろんな目に見えないところで私は答えをもらっているんです。だから今は一緒にいなくても、ただ姿が見えないだけで、馬場さんは一緒だなって思えるんです。ただ、そう思えるようになったのは最近ですよね。

――今もここにおられるという感じですか?

今は家の中ですね(笑)。この頃やっと馬場さんの椅子に座れるようになったんですが、馬場さんが好きだったテレビが始まると、「あ、ごめんなさい」って椅子からどきますけれどね(笑)。

――(笑)あっははは。しかし、馬場さんに会いたいですよね?

(笑)そういう風にやっと生活が馬場さんがいる時と同じような感じになったのは、会社を辞めてリタイアして、好きなだけハワイにいれるようになってから――これが馬場さんが夢としていつかやりたかったことだったんだなぁと実感しながらね。それを私が馬場さんの代わりにやろうって…。どうせ一緒に馬場さんも楽しまれているだろうからって、今はそんな風に考えられるようになったんですね。

――時間というのは素晴らしいですね？

はい。馬場さんってアニバーサリーとか記念日をとても大事にする人だったんですよ。この間ね、選手のTシャツやグッズを扱う、ジャイアントサービスが30周年を迎えたんです。スタッフが、「30周年ですね」と言ってくれたんですけど、それを聞く前は何でひとりで30周年を祝わなくちゃならないのかなと思っていたんです。丸々30年…馬場さんが一緒だったらとても喜んでくださっただろうなって。そう思った時はとっても寂しかったですね。

――2人で祝うべきことなのに、そのパートナーが現世におられないのは寂しいですよね？

そうですよね…そういう時が一番こたえますね。

――でも、馬場さんとの、そういう記念日だらけなんですよね？

そう。でも今はね、そういう記念日を勝手にお祝いして楽しんでいますから(笑)。

［第三章］

七回忌前 II

Interview Data

2004年秋

馬場さんの選手育成法・受け身の極意

新日本プロレスとの企業戦争

馬場さんの「ドントウォーリー」

1979年「夢のオールスター戦」

1990年「3団体東京ドーム興行」

交流戦

馬場・猪木戦

――馬場さんの選手の育成法というものに凄く興味があるんですが、元子さんは常に側で見ていてどんな風に感じていましたか？

光らない人は光らない――そこがプロレスの難しいところですね。どんなにテクニシャンであっても何だか人を魅きつけない人がいる。不器用だなぁと思う人でも、少しずつ何かが加味され輝きを放つ独特なひとりのレスラーが完成して行く。その過程をファンは見ながら応援してくださる。勿論、馬場さんはファンに支持され始めたレスラーは誰か？　を的確に見ていて、「何かに挑戦させてみるか？」と考えていました。全日本のレスラーって実力はほとんど変わらない。何も出来ない人ってあまりいないんですよ。他のところに行けばトップグループに入れる人達が、中処の試合を締めてくれる。いろんな試合があってメインイベントまで持って行くのがプロレスの興行だと思います。そういう意味で言えば、ひとりひとりの個性を上手に使い分けしていたんじゃないかと思いますね。ジャンボ(鶴田)ひとりだけだったら面白くないと思うんです。例えば旗揚げ直後のことで言うと、まだ30代の現役バリバリの馬場さんのスタイルがある。そこに入団してすぐにアメリカで修行を積んで帰国したジャンボがいて、それを見て、「わぁ、こんなことが出来るんだ。凄いなぁ」って思う。その後に今度は(相撲出身の)天龍(源一郎)さんが入ってきた。当初、天龍さんの動きはぎこちないと思われていたけれど、でも、何だかわからないけれどいいな、と好感を持たれるようになった。そして徐々にトップに立つようになる。馬場さん、ジャンボ、天龍さん…タイプの異なるレスラーがいるというのが全日本プロレスですよね。

——例えば一時期、馬場さん、鶴田選手、天龍選手という三枚看板が…。

全日本に三枚看板というのはあり得ないんです。メインイベントを取らなくても、リングの真ん中には馬場さんがいることでみんなが大暴れ出来るんです。だから、馬場さんの横に誰かがいるってことじゃないんですよ。

——ピラミッドのような状態ということですね？

プロレスの試合だけじゃなく会社がピラミッド形式になっていて、常に馬場さんがみんなを守っているわけです。馬場さんという大きな木の下でみんなが生活をしている。それがどこまで行っても崩れなかったのが馬場さんの全日本だったと思います。

——馬場さんはよく、「プロレスの試合は相手との信頼関係があってこそ成り立つ」と言っておられました。格闘技の発言としては、いささか理解し難くプロレス内に於いてのみ有効な発言かと当時思いましたが、今思えば、格闘技だけではなく、ルールのあるすべてのスポーツに当てはまる名言だと思います。どこでそれを悟ったんでしょうか？

それはアメリカでしょうね。アメリカで超一流の選手と試合をやり、自分がプロモーターにどう見られるか、という中でそれを勉強したんでしょうね。

――その感覚を日本に持ち込んだということですね？

そう、ただ、それだけじゃないとは思いますけどね。

――全日本のプロレスを語る上で最も重要なのが、〝受け身〟の凄さです。それをイチから教えていたのが馬場さんでしたが？

身体を作っている人なんて何処の団体だっていっぱいいるじゃないですか？　受け身が取れるということは自分を守るということでしょう？　自分を守りながら、攻めにいつ向かえるかを彼達は常に考えて戦っているわけです。基本をしっかり学んでいなければプロレスは出来ません。今の人達は、形が良ければそれでいいというような感じがします。馬場さんはチョップをするにしても何をするにしても理屈から教えました。それがみんなの身についているから試合巧者も多く、試合そのものが成り立っていたんだと思います。キャッチボールをしていた時、「グローブをはめていてもボールを手の平でモロに受けて取ったら痛いだろう？　だから手を引けよ。そうするとボールはそこに収まってくれる。手を引いて取ってもボールは落ちないんだ。しかも、その手は痛くないだろう？」と言われましたよ。

——非常にわかりやすい受け身の極意ですね。手を引くことによって力を吸収するということですね？

そう、「どんなに力があっても仁王立ちのまま相手とバーン！　とぶつかって倒れたら痛いだろう？　相手の力を借りながらそのまま倒れればいいじゃないか？　時にはガンガン技を受けるのもいい。技をスカすのもいいだろう。だけど、相手が技を仕掛けてきた時、敢えて自分の余力を残すならば、ここは技を受けつつ身体ごと倒れれば痛みも少ないだろう？」というようなことをリングの上でよく言っていたのを私達は下で聞いていましたからね。

——プロレスファンからすると、シンプルではありますが、とてつもなく凄い話ですねぇ。

私達にとって、それは普通のことでした。毎日リングの上でそういう話を聞いていましたから、何でもないことなんです。でもそれを他のところではちゃんと教えているのか教えていないのか、それはわかりませんけどね。

——その受身のことを理解するのに僕は随分時間がかかりました。子供の頃は、何でそんなに簡単に倒れるのかという素朴な疑問が常にありましたし、倒れたら、何だか弱いような気がして…。

私も最初はそんな風に思っていました。でもね、一流とはどういうものかを考えてください。今の読売ジャイアンツには、いろんな問題が起きてはいますけど、でも、やっぱり超一流ですよね？　馬場さんはジャイアンツに入団した17歳の時以来、先輩と後輩のきちんとした関係や、それこそ契約とはどういうものかを身につけたんです。勿論、今のように複数年契約がない時代ですよ。当時はみんな一年一年の契約でしたから。だからこそ契約書がどんなに大事かがわかっていました。契約を守らない場合は辞めさせられるとか、いろんなことについてその時に学んだんです。それと同じようにプロレスの世界に入った時、いろんな面できちんとした基本を学んだんです。馬場さんはその基本を一番最初に選手に教えていました。基本を知っている人と知らない人との違いはリングの上で出ちゃうんです。私達は見る方のプロですから、基本を知らない人を見ると、「うふふふ…」って笑っちゃうんですよ（苦笑）。

——基本が出来ているか出来ていないかがすぐにわかるんですね？

そういう時、馬場さんはよく、「馬鹿にしちゃいけないよ」と言うんですが、実は馬場さんの顔も笑っていたんです（笑）。でも、私達が笑うと怒るんです。人が一生懸命にやってる時に笑っちゃいけないってことですよね。彼達は真剣にやっている——失敗しても、もう一回やればいいと思うんです。ただね、何だかとんでもないことをやっているのを見ていると、心の中で、何をやっているのかなぁ？ って感じで笑っていたんです（苦笑）。それを見た馬場さんから、「じゃあ、お前達もリングに上がってやってみろ」とよく言われましたね。

――レスラーのインタビューを読むと、馬場さんに会場の客席の後ろの方まで連れて行かれ、「ここからリングを見てみろ」と言われたとか、イチから手ほどきを受けたとか、とにかくそういう指導を細かくやっていたという感じですよね？

リングに上がったらどうしなくちゃいけないかってことですよね。東京ドームではどう動かなければいけないか、武道館ではどうか、後楽園ホールではどうしなきゃいけないかってことを、「この人には…」と思う人には教えていたでしょうね。すべての人に教えていたわけではないと思いますよ。

――馬場さんは一流の指導者だというイメージを抱いています。基本的に教えは細かいんでしょうか？

いや、細かくはないですね。ただ、相手がよくわかるように、どうしてこうなるのかを丁寧に教えていました。みんな頭ではわかっていますが、それを言葉で表現するのはとても難しいことなんです。そういう指導が今の人には出来ない。だから外国人でも出来ないレスラーには、「リングに上がれ」と言ってリングに上げ練習させていました。形だけなのは絶対許さなかった。「いや、そうじゃない…こうやらなきゃいけないんだ。こうだから、こうなるだろう?」って論理的に教えていました。私はそれをずっと聞いていましたから、どうしても見る方のプロになっちゃうんですね。

――そこを徹底して教えていたんですね?

わからないでやっていると、やっぱり形だけになっちゃいますよね。今、そういうことを教える人がいないんじゃないですかね。

――元子さんが見ていて、指導するのが大変だったという方のエピソードはありますか?

そうですねぇ…今は笑い話になるんですが、天龍さんは最初、飛び蹴り(=ドロップキック)が出来なかったんです。ハワイで馬場さんから、「このプールの中に飛んで落ちろ」と言われ、何度もプールの中へバッシャンバッシャンと飛び込んでいました(笑)。マンションの住人がプールサイドで日光浴や昼寝をしていますから、最初は何事が起きたかと思ったでしょうね(笑)…「うるさいなぁ」と言われたり。飛び蹴りが出来ない人はどうしたらいいか。プールなら痛くないし怪我もしない。飛ぶということがどういうことか、背中で受け身を取るということがどういうことか。多分、その感覚を教えようということだったんだと思います。すべてのお相撲さんがそうなんですが、最初は怖くて背中が着けないんですね。それはお相撲さんの習性なんです。手を着いたら負けるわけですからね。勿論、後ろにひっくり返るなんてことは、それこそ押し倒されたりしなければないわけじゃないですか。でもね、まず、背中で受身を取りながら倒れるのがプロレスの基本ですから。

――プロレスはまず、そこからですよね？

彼らはそれが簡単には出来ません。最初は危ないから足を払って下の方から始め、それで受け身を覚えるんです――「背中で受けろ、あごを引け」と言われてね。お相撲さんにそれを教えるのは大変なことでした。（第54代横綱で昭和61年に全日本プロレスに入門した）輪島（大士）さんは特にそうでしたね。受け身を教えるというのは並大抵のことじゃなかったんです。

――しかも、横綱ですしね？

横綱とかそういうことじゃなかったんでしょうけど、ブランクと年齢的なものもあって、やっぱり後ろに受け身を取るのは相当怖かったんでしょうね。

――相撲出身者の指導は特に大変だったということですね？

本当にそうでしたね。まだ髷（まげ）を結っていた天龍さんをアメリカに連れて行って修行をしたんですよ。そしたら付き人を連れてきたんです。何で？　とは思ったけれど、髷を洗わなきゃいけないっていう。ひとりで洗ったことがなかったんです。いろいろ大変でしたよね。

――それこそいろんな選手がいます。それぞれの御指導は大変だったでしょうね？

確かにそうだったんでしょうけど、私達はそれを大変だとは思っていませんでした。私達と言ったらおかしいですけど、馬場さんも選手を育てるのが楽しみでしたから。とにかく何でもかんでも育てて行かなければならなかった。既製の人をどこかから連れて来てパッと出すわけにはいかない。（アントン・）ヘーシンク（柔道家。昭和39年・東京オリンピックにて金メダルを獲得。昭和48年・プロレスラーとしてデビュー）はね、日本テレビさんがね、「何とかして欲しい」と言って連れて来たんですよ。「えっ？…どうしようも出来ないなぁ」って感じでしたけどね（苦笑）。

――ヘーシンクは馬場さんがスカウトされたんじゃないんですか？

いや、日本テレビさんですね。ひょっとして馬場さんの中には、柔道家や相撲、野球

――野球は馬場さん以外はいなかったですが――そういう違う競技の一流の人をレスラーに育てたいとの思いがあったのかもしれません。でも、名前が大きければ大きいほど、本人も大変ですが、教える方も大変でしたね。

――馬場さんは、どこかで名を馳せた人を連れて来るんじゃなく、まったくの新人を

イチからメインイベンターに育て上げ続けたイメージでしたが？

だからいろんな苦労があったんじゃないですかね。そりゃあきっと、名前のある人をレスラーに変える方が早いですよ。でも、本当にそれでいいのか？　って考えていましたよね。

――三沢、川田、田上、小橋という、いわゆる四天王がしのぎを削った全日本プロレス充実期は、馬場さんも元子さんも、選手をイチから育て上げた満足感でいっぱいだったんじゃないでしょうか？

彼達がメインイベントでいい試合をしているのを見れば、「ああ、凄くいい試合だった」と常々言っていました。それはそれはとても素直でしたね。ただ、そういう時が一番良かったかというと……勿論その時も良かったし、苦労をしても、それを苦労と思わない時期も良かったと思うんです。何かが嫌だとか、そういう思いで馬場さんと一緒にいたなんてことはありませんね。

――どんなことがあっても、なだらかな坂を徐々に登り積み重ねて来たという感覚ですか？

いや、そんなこともないですね。大体十年毎に何かが起きていますしね。そんな、なだらかという感じではないけれど……苦労のし甲斐があったから良かったと思うんです。最初が良くて後が惨めだと寂しいじゃないですか? それが馬場さんにはなかったからいい人生だったなぁと思うんです。それは今だからこそ、そう思いますよね。

——確かにそうですよね。人を育てるという点での御苦労もあったとは思います。対立関係にあった新日本プロレスとの引き抜き合戦や彼らの挑発は、団体の経営者として、相当の御苦労があったと思うんですが?

……その時はね、もう、凄く怒っていて…。

——あ、怒っていたんですか?

当たり前ですよ!! …ただね、今の私に対して(新日本プロレスでアントニオ猪木を支えた)新間さんは何も妨害もしないし協力的ですよ。だから、「昔は昔、今は今。もう、それでいいでしょう?」というのが今の私の生き方ですから。でも、その時は大変でしたよ(苦笑)。

——凄く緊張感のある企業間戦争だったということですね?

新日本さんは言いたいことをガンガン言う。馬場さんは、それに対して絶対返答しないだろうというようなことをね。あそこで馬場さんが挑発に乗って、ひとつひとつ返して行っていたなら、それ以降の馬場さんはなかったと思います。あそこで辛抱した分だけ、後で華が咲いた時、それはそれは嬉しかったんだろうなと思いますよ。

——それにしても、挑発にはまったく乗らなかったですよね？

その代わりね、乗らない分、随分怒っていましたよ（笑）。

——でもね、怒らせた分、新日本プロレスも後で引き抜きのお返しを何倍もされましたものね？

言葉っていうのはね、言って、その時はすっきりしても、特に活字は後の後まで残るじゃないですか？　だから馬場さんは何も答えず、台風が過ぎるのをじっと我慢して待っていました。でも、引き抜きの時はそうは行きません。あれは商品を泥棒されちゃうってことですから…泥棒されたら、それ以上のものを取って来るというね。馬場さんは、された以上の戦利品を持って帰ろうと思っていましたよ。それほどレスラーを自分達の色に育てるというのは大変なことなんです。それをいとも簡単に取られちゃうっていうのは許せないこと。ホント、相当怒っていたんですよ。

——外国人選手のインタビューなんかを読むと、馬場さんへの全幅の信頼の言葉が並びますね？

それはプロモーターとして一流だったからでしょうね。大事なのは、自分達だけが儲かればいいということではなく、彼らにもいい思いをさせてあげたいという気持ちだったんじゃないですかね。

——引き抜き交渉時は他団体から多額のギャラを提示されるわけですよね？

でも、行ってみて、あ、違ったと言って帰って来た人が何人かいますが（笑）…でも、絶対に戻れなかった人もいますね。どんなに戻りたいと言ってきても、「またか、ふふん」と笑っていました。でも、彼から電話がかかってくると、「おう、元気でやってるか？」「自分は全日本に帰りたいんだ…」「それはまた時期が来たらな」で話は終わり。ただ、「また何かあったら電話をかけて来いよ」とも言われていました。その彼は懲りもせず、ずっと電話をかけてきましたけれど、とうとう戻ることは出来ませんでしたね。

——そういうところは、きちんとした経営哲学があったんでしょうけど、自身が育て上げた選手＝商品に対する絶対的な自信と、プロモーターとしての圧倒的な信頼——それらが重なり合って全日本プロレスが成り立っていたんですね？

そうですね。プロレスは日本人対外国人というのが最初のスタートですよね。特にメインイベントの試合はそれが絶対でした。日本人対日本人は前座の試合。馬場さんもそれをずっと守ってきましたが、徐々に日本人対日本人の方がお客さんに喜ばれるというのがわかったならば、それに切り替えていましたね。それは時代の流れだと思うんです。だけど外国人レスラーというのは、馬場さんがプロモーターとして大きな力を発揮した、その象徴です。オープン選手権（昭和50年12月に全日本プロレスが行なったシングル・リーグ戦。当時のNWA会長のフリッツ・フォン・エリックに「ババ、アメリカのマットを空っぽにする気か？」と言わせたほど、ハーリー・レイス、ドリー・ファンク・ジュニア、ドン・レオ・ジョナサン、パット・オコーナーらそうそうたるレスラーが集結した）では凄いレスラーを自分が呼べた――「鳥肌が立っちゃったよなぁ」と後で馬場さんが言った言葉なんですが、それだけの人を呼べるプロモーターになったという実感だったと思うんです。しかも、彼達とは別に何の約束もしない。それに対しても、馬場さんから声がかかるとスケジュールを調整しやって来てくれる。それに対して馬場さんもいろんなことでお返しをする。「馬場さんから、ドント・ウォーリーと言われたら、本当にドント・ウォーリーなんだ」というのが当時の外国人レスラーの本当の気持ちなんですよね。だけど彼らは、いろんな人から〝安心出来ないドント・ウォーリー〟を昔も今も聞いているんですね。

――馬場さんがそう言えば本当に安心なんですね？　それで試合に精を出せるということ？

馬場さんがそう言ってくれるんだから心配ないってこと。相手の受け取り方もそうで、馬場さんのドント・ウォーリーは重さが違うんです。

——何度かそういうお話を伺ったり、いろんな雑誌でも読んだことですが、何故それだけの信頼を得るに至ったのか、正直なところ、僕にはわかりませんが…。

それはファンの人が簡単にわかるようなことじゃないんです。だからと言って、こうやったから彼達が心配しなかったとか、それはイコールこうだった、とかじゃないんです。

——しかし、それは歴史を見ればわかります。凄いことですよね？

経営者としては凄いです。今でも外国人レスラーから、「ミスター&ミセス馬場に騙されたことはない。本当に約束を守ってくれた」と言ってもらえるのはとても嬉しいことなんですね。

——つまり、プロレス界では約束を守らない人が多かったということなんですね？

それは私にはわかりません。全日本のことは隅々まで答えられるんですけど、他団体がどうしたこうしたというのは…私が全日本に携わっている時に他は全然関係なかったんです。

——鎖国をしていたからですか？

いや、そうじゃないんです。どこそこがあんなことやこんなことをやる、そういうニュースはすべてキャッチしてわかっていました。でもそれは、よそ様のことだからって感じでした。全日本は馬場さんがやりたいようにやっていれば間違いないと思っていました。今は他団体を見すぎるというのか、意識しすぎると思いますね。だからみんな色がなくなって――時代の変化と共に、今、そういう風にやっていかないといけないのかもしれません。でも、ファンからすれば、全日本は全日本の色、新日本さんは新日本さんの色を出して欲しいと思っていると私は思いますね。当時はいっぱいアンテナを立てて馬場さんにニュースを事前に伝えていました――「何日にはこういう発表があるそうですよ」という風にね。それは企業として当たり前のことです。「何でそんな先のことまで話が表に出ているの?」っていうものまでありましたよ。だからこそ私達全日本はニュースが外に出ないように注意しました。記者発表の当日にならないとその中身は本当にわからないというのが全日本でした。「ほんの少しだけ教えてよ」って記者が聞いて来ても、「何をやるのか言えません。この日が記者会見ですから」って感じで本当に答えない。広報としてはちょっとかわいそうな部分もありましたけど、でも、今の、ニュースが前から出過ぎるというのもあまりよくないですよね。

――何が本当のニュースなのかわからなくなりますね?

でも、それはプロレス界だけじゃない。野球界でもそう。安易にニュースを出してしまう。責任を持って言ってくださいというのがありますよね。

――NWAチャンピオンだったリック・フレアーとAWAチャンピオン、リック・マーテルとのNWAとAWAの世界統一戦は、ただの一度だけ全日本プロレスのリングで実現しています(昭和60年10月21日・両国国技館)。当時はとてつもない試合が日本で行なわれるんだなと見ていましたが、それを馬場さんはサラッと実現されたような気がしていたんですが?

大袈裟に、「凄いことなんだよ‼」と性格的に言えなかったのかもしれませんが、でも、企業としてはそういうことを売りにして行かなくてはいけないわけです。それをサラッとやっていたと受け取られていたとしたら経営者として、そういう部分では失格だと思います。確かにそういうことはあったんですよ。馬場さんの中では大したことがないと思っていても、とても大きなことだったというのがね。それが前もって出れば大きなニュースになるのになぁというね。敢えて、「どうだ‼」ってことをしなかったんですね。

――そこが馬場さんらしさなのかもしれませんが…。

いや、パブリシティは大事なんですよ。だって、それでお客さんに来てもらわなきゃいけない。ニュースは出し下手だったでしょうね。でもね、心の中では、「馬場さんなら、こんなことは簡単にやれちゃうんだよ」と思っていたというのが私の本音でしたけどね（笑）。

――NWAとAWAのチャンピオンを戦わせるなんてことが出来たのは世界で馬場さんだけです。

超一流同士の試合ですよね。世界に於けるプロモーターとしての馬場さんの地位を証明する出来事ですね。AWAのところに行ったら（オーナーの）バーン・ガニアが良くしてくださったし、NWAのどのテリトリーに行ってもみなさん良くしてくださった。私達にしてみたら、それが普通だと思っていることが他の人からしたら違うんですよね。

――レスラー、そしてプロモーターとして信頼を積み上げたからですね？

そう、レスラーとしてアメリカで各プロモーターに常にアリーナを満員にし絶対に損をさせなかった。そんな人が日本でプロモーターをやっているわけです。「新日本に負けるなよ」なんて言ってみんなが応援してくださったのも頷けますね。儲けさせた額というのが桁違いのお金なんです。何万人も入るところを何度も満員にしちゃったんですから。プロモーターは嬉しかったでしょうね。

——新潟でのトークライブの時、新間さんが、「ＮＷＡの総会に出させて頂いた時、馬場さんはＶＩＰな扱いだったけれど、我々は随分肩身の狭い思いをした」と言っておられましたね？

私はそんな思いをしたことがないですからわからないですねぇ（笑）。

——（笑）そんなに待遇は違ったんですか？

そりゃあ違いますよ。いろんな団体のメンバーの方達がとにかく馬場さんによくしてくださる。ニューヨークに行ったら（元ＷＷＦ、現ＷＷＥの最高経営責任者）ビンス・マクマホン・ジュニアのお父さん（ビンス・マクマホン・シニア）や、それぞれのプロモーターの方々がパーティを開いてもてなしてくださる。私達がアメリカに行った時にはインバイト（＝招待）される方であって、する方じゃないんです。これはもしかしたら間違っているかもしれませんが、新日本さんは、向こうに行って逆にみなさんをインバイトされていたのかもしれませんよね。

——（笑）元子さんはお幸せでしたね？

（笑）はい、どこに行っても特別扱いをしてくださるというのはとても嬉しかったですね。でも、それが普通のことで、どこに行っても変わらず、すべての方がそうでした。だから、アメリカでこんな風にもてなされたら、日本でもちゃんとしなきゃいけないなって、そこでちゃんと勉強していましたね。

――そこはアメリカから学んだんですね？

プロモーターが日本に見えた時はちゃんとしていましたよ。例えば、馬場さんが地方に行っている時は私が東京に戻ってきて、「馬場さんは試合です。明日は戻ってきますから」ってお食事にお連れしたりね。私はいい時代をずっと見てきたので、そういう点ではとても幸せだったと思います。馬場さんも幸せだったと思うのは、今の、この大変な時代を見ていないから……多分、上から見ていて、少し切ない思いをしているかもしれないですね。ただ、今のこの大変な時代を自分で切り盛りしなければいけなかったら、もっと辛かったと思うんですよ。大変だっただろうなって。

――元子さんは今のプロレス界をそんな風に見ているんですね？

今の状況を見ると本当にそう思いますね。馬場さんにとっては――そういう風に、いいように考えるようにしているんです。これが私の性格なんでしょうね。

――馬場さんがご存命であっても、かなりご苦労をされたと思っているんですね？

それは今のこの世の中…日本全体がおかしいんですもの。

――ファンからすると、馬場さんが元気でいたなら今のプロレス界は…と思ってしまいますが？

…こうはならなかったかも、というのは…まぁ、ここまでにはならなかったというのはあるかもしれませんけど、興行的にはとても苦しかったかもしれません………大変だったとは思いますよ。

——なるほど…そういう時に必ず出て来るのが他団体との交流戦でしたが、馬場さんは、そこに対しては徹底的に否定的でしたよね？

でもね、実はああいうことを最初にやったのは馬場さんなんです。全日本プロレスと国際プロレスとでやっていましたからね。ただ、あれは交流戦かと言ったら、違うとは思いますけれど。

——全日本プロレス旗揚げの時に選手層の薄さを補う為に国際プロレスから選手を借り、その代わりその後、馬場さんが国際プロレスのリングに上がった。つまり助けられ、助けたという？

そう、助けて頂いたからお返ししたんです。団体を作った時にレスラーを貸してもらったり、いろんなことをして頂いた。で、国際さんが困っている時に、それじゃあ助けなきゃと言って助けたんです。

——恩義を感じていたんですね？

そうですね。例えば交流戦っていうのは……どんな試合のことを言っているの？

——何と言っても、昭和54年8月26日に行なわれた〝夢のオールスター戦〟です。馬場さんは猪木さんと久々にタッグを組んでアブドーラ・ザ・ブッチャー&タイガー・ジェット・シンと戦いました。あの時の馬場さんの状況というのを是非知りたいんですが？

…あれは日本武道館でやった東京スポーツさんの記念興行でしたよね？ それに協力する為の出場でした。でも、あれは馬場さんの中では交流戦とは受け取っていないんじゃないですかね。

——そうでしたか…元子さんも側にいたんですよね？

勿論、いましたよ。

——当時、馬場さんは猪木さんとのタッグに乗り気だったんですか？

…いや、あれは乗り気じゃなかったでしょうね。馬場さんが交流戦というものを最後にやったのは、WWFと新日本さんと全日本、3団体の東京ドーム興行（平成2年4月13日）です。これはね、やってもいいよという感じでした。しかも、話し合いからちゃんとやろうとしていました。もう、最後までガンとして馬場さんは意見を崩さなかった。あの交渉は素晴らしかったですね。その時の話し合いですが、私はホテルのロビーで待っていたんです。話し合いが途中で決裂すると、何度もロビーに降りて来てはお茶を飲みながらぶつぶつと、「…あの野郎」って怒っているんですよ（笑）…私も別に、「どうしたの？」とは聞きませんでした。最後まで自分の言うことはちゃんとニューヨークサイド（WWF）に伝えていましたね。私はその様子を見て、「おぉ!! 馬場さんって凄いなぁ」って思っているだけでした（笑）。

――譲れない、大きな信念があったんですね？

WWFと言ったら、その時のアメリカでは一番大きな団体でしたからね。普通、「まぁ、しょうがないか？」ってなるじゃないですか？ でも、そういうのは一切なかったんです。

――「ナメられてたまるか」という馬場さんの経営者としての信念ですね？

そう、「ここは日本だよ」ってことですよね。

――その辺はちゃんとファンには伝わっていましたよ。

それはどうだったのかはわかりませんけど、当日、東京ドームに行くと、馬場さんと（タッグを組む）アンドレ（・ザ・ジャイアント）の部屋があって、その控室で2人がカードをしながら遊んでいて（笑）…私はその様子を微笑ましく眺めていたんです。そんな時、ビンス・マクマホン・ジュニアは会場でひとり――「こうするんだ、ああするんだ!!」って一生懸命仕切っていて。実はね、馬場さんとアンドレはとても仲良しなんですよ。本当だったらアンドレはニューヨークの人だから、ビンス側の方に行かなきゃいけないわけじゃないですか？　でも、馬場さんと一緒にいたかったんです。そしたら馬場さんが、「ちょっとアリーナに行こう」と言ってリングに向かったんです。何をするのかなぁと思ったら——ほら、エプロン（＝リングの端）に上がるまでの階段があるじゃないですか？　あのサイズを測りに行ったんですよ。それで、「これを直せ」と言って小道具屋さんに言って直させたんです。でもね、それは自分の為じゃなかったんですよ。

——アンドレの為ですね？　素晴らしい心配りですね？

そう、アンドレの為。リングに（少し足の調子が悪かった）アンドレが登る階段が気になったんでしょうね。小道具屋さんを呼んで直して頂いた。で、直した後に自分が登って試してみて、「うん、これでいいよ」と言ったんです。それとね、馬場さんとアンドレ——入場するのはどっちが後なのか、先なのか…そういうのってレスラーは凄く気にするものなんですよ。普通後の方が格上なんです。そしたら馬場さん、入場の時、自分がさっと先に歩いて行ったんです。

——アンドレを立てたんですね？

そう、オーロラビジョンに馬場さんがパッと映った時にね、「あ、これはもう、馬場さんの勝ちだわ」と私は思ったんです。ファンの声援がもの凄くてね。その時、馬場さんはニコッて笑っていた。リング上でビンスの挨拶もあったんですが、ファンは、「お前さんの挨拶を聞きに来ているんじゃないぞ」みたいな感じだったんですよ（笑）…。

――はい、拝見していたら、確か、凄いブーイングでしたね（笑）？

（笑）そう、リング上で話していたのに、途中でバーンってマイクを投げちゃった。ここはアメリカじゃないんだから、そんなことをしなくてもいいのになと思った。で、馬場さんが出て行った時に――これは勝ち負けじゃないけれど、ファンに支持されるというのはこういうことなんだと思いましたね。

――馬場さんに対する声援は年齢を重ねる度に増して行きました。30代の全盛期よりも50代の方が人気も支持も集めていたように思いますが、元子さんはどう感じていましたか？

あれは馬場さんに対するエールだと思っていましたね。特にいいカード――例えば武道館でファンが望んでいるようなカードを発表した時なんかは異常な盛り上がりでしたね。馬場さんはそういうリアクションを受けて、「今日のカードは大成功だな」と思っていました。ある時は、「馬場さん、いいカードをありがとう」という声援だっただろうし、ある時は、「馬場さん、頑張れ、頑張れ」だっただろうと思いますし、その声援に対しての思いはその時その時で違っていたんじゃないでしょうか。

——あれだけ純潔な全日本プロレスが支持されていたのですから、他団体との交流は、正直必要ないとのお気持ちだったんでしょうね？

本心はわかりません。でもね、交流戦は出来る時と出来ない時があると思うんです。最初の頃は交流戦なんてムードではなかった。勿論レスラーの人達もそうでした。今は、「えっ？　どこの団体の人？」みたいなメリハリがないという感じですが、昔は団体も少なかった——新日本ファンの人は全日本の人を嫌いだっただろうし、全日本ファンの人は新日本を嫌いだったでしょう。だから敢えて交流はしなかったし交流は出来なかったと思います。そんな生やさしい時代じゃなかったんですよ。

——そうであったからこそ、単純に、馬場さんと猪木さんのシングル戦をみんなが見たがりました。でも、とても実現する状況じゃなかった、あり得なかったということなんですね？

というより、馬場さんの頭の中では、「今さら…」というのがあったんじゃないでしょうか。こういう言い方をするのはいけないことかもしれないですが、やる必要性は馬場さんの中ではなかったんですよ。

――でも、猪木さんは何度も挑発してきましたよね？

（苦笑）言いたいことを言われているなぁと思っていました。でも、ホントに、今さら馬場さんと猪木さんがやって白黒つけたって…と私は思いましたね。猪木さんサイドやファンは猪木さんが一番だと思っている。私達やファンは馬場さんが一番だと思っている。私は猪木さんが怖いとか、そういう感情は何もなかった。ただ、「うるさいなぁ」と思って聞いていただけですよ。ただ、やらなきゃならないような試合じゃないですね。これを興行的にやれば、それはとてもお客さんが喜んで見てくださったとは思います。だったらね、「テレビ局はどうするの？」って問題が起きますよね。

――例えば、新聞社や誰かが間に入り、〝ジャイアント馬場対アントニオ猪木戦〟の企画が立ち上がったりするという。事実、打診やオファーはあったんでしょうか？

いやいや、新聞社が入るとか…そんな、入れるようなところはないですよ。

――オファーはなかったんですね？

オファーなんてあるわけないじゃないですか？　だってね、実現出来ないことをわかっていて猪木さん達は言っているわけですよ。あの時の日本テレビとテレビ朝日の放映権や契約ですよ。馬場さん達は日本テレビと契約しているし、向こうはテレビ朝日との契約があった。じゃあ、どっちが放映するのかっていう――そこからモメるじゃないですか？　…実現するわけがないんですよ。

――猪木さんサイドは、当時、起こり得るわけがないのに言っていたんですね？

いや、それは私にはわかりません。機会があったら猪木さんに聞いてみてください。私達は、常識的に考えてあり得ないってことだけはわかっていました。切符だけなら

――例えばアリーナから真っ二つに切って、全日本と新日本さんと分ければいいんです。でも、放映ってそういう問題じゃないですよね。

――専属契約だったんですよね？

そうなんです。しかも、試合を放映することでどっちかが傷つくわけでしょ？　そう考えると出来る話じゃないんです。だから、「何でこんなことを言われるんだろうな？」ってことですよね。私達はそのことしか考えなかったんです。

――実はもの凄くシンプルな、まさに出来ないという理由だったんですよね？

だって、自分達の大事なスポンサーじゃないですか？　そうでしょう？　両方にとって大事なスポンサーでしょう？　そこの意向もちゃんと聞かないで、感情的に、「じゃあ受けてやるよ」というような馬場さんじゃありません。

――まさにその通りですね。例えば、テレビ局やスポンサーの意向がそうであったらどうでしたか？

今だったら無視出来ませんね。そんな力のある団体、今はないでしょうね。だから、今の交流戦的なことは昔と違ってテレビ局の意向も入っているんじゃないでしょうか。

――今は、そういう交流戦のすり合わせが出来ているわけですよね？

こうすれば、ああすれば視聴率が上がるだろうという簡単な理由でテレビ局がそれを選択したんでしょうね。その団体の色を変えてまで他団体の人をリングに上げて戦わせる。それがテレビ局の意向なら聞かなければいけないわけです。でも、果たしてそれで、じゃあ、次に何をやるの？　ってことまで考えて彼達はやっているのかなと私は思いますね。

――もう、打つ手がなくなってきているような感じがしますね？

そりゃあそうでしょう。みんな、小出しにする引き出しを…元々そんなに持っていないのに、そういうことをやっちゃった。その後、「また何か、次のことを…」と言われた時、それ以上のことはない――馬場さんは考えていることが目先のことだけじゃなかったんですよ。先の先のことまで考えて、「次はこういう風に持って行こう」とか、いろんなことを考えながら…「今、これをやっちゃったら、ちょっと次が苦しくなるなぁ」なんてことはやらなかったんですね。

――さて、七回忌追善興行が近づいてきましたが、どういうものにしようと思っていますか？

私はそんなに目くじら立てたカードは作りたくないんです。ただ、馬場さんを偲べるカードにしたいとは思っています。だけどファンの方が満足出来ないような平凡なカードは組まないと思います。勿論、馬場さんが、「そんなのはやめてくれよ」というカードは組みませんけれどね（笑）。

［第四章］

七回忌後

Interview Data

2005年春

七回忌を経て

「今、本当に強い人は誰?」

ノアは全日本プロレスか

七回忌追善興行

——先日お話をさせて頂いた時、「七回忌追善興行を終えてから、世の中が違って見える」と言われていましたが、肩の荷が下りて少し楽になったというような感じでしょうか？

いや、楽になったということではなくて、本当に世の中が違って見えるんですよ（笑）。

——それはどういうことなんでしょうか？

それはね、リタイアした人じゃないとわからないと思います。すべてから解き放たれたんです。会社（＝全日本プロレス）は30周年で区切りをつけました。七回忌では何かをやりますと予告し、そして、その七回忌の追善興行も終わった。でも、それで馬場さんとの関係が終わったわけじゃない。これからもずっと続いて行くんです。だけど、公のことに関しては終わったんです。でもね、それだけじゃないと思うんですよ……馬場さんとは一緒に何度もハワイに行きましたし、私ひとりになってから幾度も行ったんですが、最近、本当のハワイが見えたんです。人間はこうやって生きている。馬場さんはリタイア後、こんな風に老後の生活を送りたかったんだなっていうのが凄くよくわかったんです。

——仕事も人間関係もすべて一度クリアし真っ白になった状態ということですね？

今、仕事なんていうのは頭の片隅にもありません。だって、仕事をしなくていいんだから…。

――気分的にはとても落ち着いている状態なんですね？

そう、ハッピーですね（笑）。

――確かに、その感覚は、なかなか理解し難いんですけれど…。

現役バリバリでやっている人にこれを言ったってわからないでしょうね。馬場さんからリタイア後の暮らしについて話を聞いた時、正直、私には理解が出来なかったですからね。

――馬場さんはそこを目指していたんですね？

モンマルトルに行って絵を描いたり、好き勝手にあちこちの国に行ってはブラブラ歩いて、ここは好きだなぁと思うところでは時間や日数を決めないで何日かいる。ここはもう、そろそろいいかなぁと思ったら次の場所に行く。常々そういうことをしたいと言っていました。今まではハワイに行くとしても、決められた2～3週間だけというう日程でした。そんな風に、この日に帰らないと次の仕事に間に合わないというのがそれまでの私達のスケジュールだったでしょう？ それが、例えば3ケ月以内に帰ればいいとか、少し早く日本に戻ってきても構わない。自由に時間が使えて何かに束縛されないということ。そんな日々の過ごし方は、さぞかし楽しいだろうなぁということだったんですね。

——馬場さんは多趣味な方でした。絵を描いたり、麻雀をやったり、時代劇を見たり、本を読んだりゴルフをプレイしたり…好きなことを時間を気にせず楽しみたいという憧れがあったんでしょうね？

ああ、確かにそれはあったと思いますね。

——実際は短期間の休みしか持てなかったんですね？

そうだったんです。若い時は特にそうだったし、歳を重ねてからもそう。馬場さんが出なくても興行をやって行けるか？　ってこと。そりゃあやろうと思えばやれるだろうけど、困ることがいっぱい起きてくるわけです。馬場さんが最も休んじゃいけなかったのが興行でした。

——「38歳で引退したい…」と言われたというのは有名ですが、何でその年齢だったんでしょうか？

その話や年齢のことは聞いていましたが、どうしてその年齢だったのかは聞いたことがないんですね。よくね、「ハワイにいてポケーっとしていたらどうなるかな？　でも、いいだろうなぁ…飽きるまで海を見ていてもいいんだよなぁ」と言っていました。それを今私がやっているんです(笑)。昼間は外で遊んでいても、夕方には夕日を見に、家に、ちょっと帰るんですよ。

――贅沢ですねぇ(笑)。

(笑)で、また、夕日が沈むと遊びに出かけるんです。だから、夕日を見ている時、「あぁ、馬場さんはこれがやりたかったんだな」って凄く思うんですよ。

――馬場さんとのハワイでの生活はどんな風だったんでしょうか?

馬場さんは毎日ゴルフに行って、その帰りを私が待っているという生活でした。勿論、一緒に行く時は行きましたが、行きたくない時、私は行かないんです(笑)…。

――ゴルフをしては夕日を見て…そんな生活を目指していたんですね?

でもね、馬場さんも、「そんな生活ばかりしていたら、きっと飽きてくるよな」とも言っていましたから、「時々日本に帰って仕事をするのがいいんじゃないですか?」と私は答えていました。だから、ハワイで何かをやろうとか、そういうことを考えたこともないですね。

――僕はハワイには長くても一週間くらいしか滞在したことはないんですが、長く滞在できたら本当の楽園を満喫できるのでしょうね?

3日も一週間もハワイはハワイですけど、本当のハワイの良さは時間を気にせず好き勝手に生活することでしょうね。それが今の私なんですが、でも、それを続けていると、すべてに於いてエクスキューズ(=言いわけ)が出来なくなっちゃうんです。何もかも、自分の責任で生活しなければいけない。それを自分に言い聞かせておかないと、多分失敗しちゃいますよね。だって、時間が自由すぎるとパソコンで遊んでいたり朝寝坊をしたりする。そりゃあ何日かはいいですよ。好き勝手はいいけれど、ぐうたら生活になっちゃうのはいけないことだと思うんです。

——それは確かに。七回忌追善興行以降、馬場さんに対してやり遂げなくてはいけない何か、そのハードルを飛び越えた気がするんです。だから仕事も会社も辞められた。逆に馬場さんは元子さんのこれからの身を案じていたりはしないでしょうか?

…年齢的に、初めて馬場さんの歳を追い越したんですよ。だから、今、馬場さんが私に対して何を望むかと言ったら多分健康のこと——「病気にはなるなよ」ってことだけでしょうね。周りも凄く気を使ってくれるし、ハワイに行って少し痩せましたから、それは万々歳なんですけどね(笑)。

——痩せたというのは運動ですか、それとも食事管理ですか?

しようと思ってやっているわけじゃないんだけれど、海を見ながらバランスボールに乗ったり、器具を使って足踏みをしたり、軽い自然な運動をしています。気が向いたらマンション下の庭を歩き回ったり。不規則な生活はまだしているとは思うけれど、食事に関してのバランスも凄く考えていますよ。

――やはり馬場さんは元子さんの健康面を一番心配されているでしょうね。そういう意味でも自分の中での目標設定は何か必要でしょうね？

多分馬場さんは、「もう、仕事はしなくていいよ。好きに生きなさい」と言っています。私は今、とても自由なんですが、好きに生きると生活が我がままになります。だから自分に言い聞かせるように、今日はこれをやろうとか、目的を持つようにしないといけないんですね。

――でも、元子さんはぐうたらな人ではないですよね？

（苦笑）いやいや、ぐうたらですよ。休みで家にいる時は何もやりたくないですからね。以前なら、家の中を散らかしていても、仕事で忙しいからというエクスキューズが出来たけれど、今はもうそれができないし、しちゃいけません。だからと言って、四角四面に生きているわけじゃない。でも、お掃除はしたい時にするだけなんですけどね（笑）。

――（笑）そういうお掃除とか、身の回りの整頓に対して馬場さんは厳しくはなかったんですか？

いいえ、そういうことで私は馬場さんに叱られたことはないですね。

――ちゃんとやっていたからじゃないですか？

（笑）いやいや、していなくても別に、「おい、ここは汚いぞ」とか、そういうことは言わないですね。

――馬場さんは、そういうことに細かくはなかったんですね。で、七回忌追善興行を経て、さらに今後、元子さんが馬場さんにしてあげたいことは一体何ですか？

してあげたいというよりも、馬場さんが嫌がることはしないということですね。

――「七回忌までは…」と言っていましたが、プロレス界とは一切の縁を断ったという感じですか？

そんなに頑なに、「私には関係ない。プロレス界は勝手にどうぞ」という思いもないし、だからと言って戻りたいという思いもないんです。自分からプロレスの本を読もうとか、プロレスのニュースを知ろうという気もないんです。もう、違う世界でみんながやっていること――「みんな頑張ってやっているんだな」って感じで…それをじっと見ているわけでもないんですよ。何か、自然体という感じですよね。

――微妙な感覚なんですね？

無理に見ようとしないとか、それもないんです。先日、全日本のテレビ中継が終わっちゃったということすら知らなかったくらいなんですよ。

——後々知ったんですが、放映権料をもらっていたのではなく、逆に支払って放送をしていたことを知って随分びっくりしたんです。

それはね、全然びっくりすることじゃないんです。それがアメリカンスタイルですよ。アメリカではテレビの時間を団体が買って、それで宣伝や放送するというのが当たり前なんです。

——日本とは全然違うシステムなんですね？

アメリカのすべてのプロモーターが私達のことを羨ましがっていて、日本は凄いなといつも言われていたんですよ。「自分達はお金を支払うのに、お前達は逆。しかも莫大なお金をもらうんだから」って。もらうのと出すのとでは全然違いますから。でもね、それは交渉次第だと思うんですよ。今の全日本が最初はそういう契約であったとしても、例えば視聴率を材料に何故交渉をしなかったのかなって疑問に思います。それがビジネスじゃないですか？　いつまでも向こうの言われるがままにやるっていうのはどうかと思います。自分達はこれだけのことをやっているんだとの自負があれば、それなりのギャラの交渉をするとか、そういうこともやっていいんじゃないかなってね。

——昔から日本のプロレスが作り上げたテレビ局との関係性であり、それが恵まれていたということですね？

そういうことなんですね。

――昔の映画界と凄くよく似ていて、例えば日活所属の役者さんは松竹の映画には出れなかったというような、他団体の放送（＝興行）には絶対出れないという契約だったんですよね？

そう、だからこそ、妙なごちゃごちゃしたことにはならなかったんです。

――長くプロレスを見続けてきた私ですら今のプロレス界のことはわけがわかりません…。

プロレスが難しかったらいけないんですよ。アメリカではいろんなストーリーを作ってドラマ風にやっている。それが日本に合うかと言ったらそうじゃない。テレビを中心に考えたストーリーを日本の地方興行に持って行っても、「何でこんなことになっているの？」ってなるだろうし、わけがわからないと思います。よく馬場さんが言っていたのは、「試合は、今日、会場に来てくださったお客さんが見て楽しければそれでいいんだ」ってこと。でも、今のレスラー達は〝続きもの〟をやりたいんですよね。

――対立関係や遺恨でつなげるプロレスですね？

今思えば、馬場さんの時はいい時代で、今の人達は逆に気の毒だなぁと思いますよ。

――お客さんが、あれこれ求めて、贅沢になり過ぎているということですよね？

いや、違いますね。むしろ反対です。団体側が見せ過ぎるからそれが当たり前になっちゃったんですよ。見せたら、もっともっとと望むのは当たり前のこと。団体の方向性をきっちりと守ってやって行けば、それなりの商品価値を持ちます。確かに、いろんなお客さんは呼べないかもしれないけれど、ドーナツの真ん中部分というか、その輪の中の大事なお客さんは必ず確保できます。それをやらず、ファンが望むからと言って、やらなくてもいい他団体の人とやりたがる。私はそれを見ていて、これにはどんな意味があってやるのかなぁと思った。例えば自分達が出て行ってヘルプをするのもいいけれど、そこには戦略的な交渉術が必要です。次に自分達の興行に相手を呼び込むのは、相手以上のアイデアや作戦が要るんです。でも、意外と行きっ放しだったりする。でもね、私はまず自分達のお城を守りなさいって思う。今はもう垣根がないもの。垣根がないということはどういうこと？

――何でもアリで夢がなくなるということ。しかも、団体の色がなくなってしまうということです。

…今の人達なんて、団体の色なんて知らないでしょう？

――プロレスなんてそんなものだと思われているのが悔しいですね？

で、今、本当にこの人は強いなと思う人は誰？

――そうですねぇ…………。

……昔だったらすぐに名前が挙がったでしょう？　今は考えなきゃ出てこない。外国人にしてもそう。

――小橋さんと言いたいところですが、絶対的なスターではないですね。

もう、彼は…その次の人が育っていないってことですよ。確かに粒揃いなんだけれど、「この人‼」っていう、馬場さんとか猪木さんとか、ジャンボとかスタン・ハンセン、ブルーザー・ブロディ…そういう人が今はいないんですね。

――どの団体を見渡してもいないですね？

だからね、みんながこんなに仲良くやっているのならば、ある程度――せめて5～6ケ月は練習をちゃんとさせ、それを経ないとリングに上げないとか、いろんな決めごとを決めておかないとね。何か、素人さんでも上がれちゃうようなリングに今はなっていますよね？

――見ていないと言いつつも、ちゃんとプロレス界の現状をおわかりなんですね？

いや、見て言っているんじゃないんです。長くプロレス界に関わっていましたから、周りのみんなが、「面白くない、面白くない」と私に言ってくるんです。確かに、ここ

1〜2年は見ていないんだけど、私が関わって、そして辞めてすぐの時には、「どうしてこうなるの？」とよく思ったものです。今はもっと悪くなっている気がしますよね。

――馬場さんのような絶対的な牽引者がいないということに尽きるんじゃないでしょうか？

でもね、それをいつまでも言っていたらいけないんじゃないですか？　もう、亡くなられてから6年が経ったんです。なのにまだ、それに気がついていない。気がついていても、そう思いたくないのかもしれません。誰でも自分達が一番であって最高のことをやっていると思っているだろうし、そう思っても無理のないことだとも思います。でもね、もう少し……レスラーとしてのプライドはどこに行っちゃったの？　と私は思いますね。

――今も馬場さんの教え子がたくさんいる三沢（光晴）選手がトップの団体、ノアですが、彼らに対しても不甲斐ないなぁと思われますか？

…不甲斐ないとか、そういうことは思いません。そうじゃなくてね、馬場さん達の時代というのは、自分のレスラーとしての寿命が尽きた時、引退した時のことを考えつつ、次の人達をどう育てて行くかというのが大きな課題だったんです。次のスターを育てるということ。それをずっとやって来ましたが、今はそれがないんじゃないかと思うんです。

――でも、今、全日本プロレスらしさを持っているのは、ノアしかありませんよ。今、それを彼らに対して言っているとしたら、とても失礼なことですよ。彼らは、「新しいプロレスをやりたい。だから、全日本ではやりたくない」と言って出て行ったんです。それが、〝全日本らしい〟なんて言われたら…それはまさに侮辱じゃないんですか？

――いや、全日本でやっていたことのすべてとは言いませんが…。

いや、よく聞きますよ、「全日本プロレス、そのままのことをやっている」って。それは彼らが進歩していないってことでしょう？

――全日本らしさを持ちつつ、でも、新しさを求めて努力をしている団体だと僕は思います。

何の努力をしているんですか？　…だったら何で、あんなに他団体に行ったり、他団体の人を上げたり……自分達でやっていこうとしないの？

――それが時代のニーズだからじゃないでしょうか？

いやいや、違うでしょう？　それはね、お客さんが入らなくなったから、それが必要になったんでしょう？　時代のニーズじゃないですよ。

——確かにごもっともです……でも、難しいことに…。

いや、難しくないですよ。私はね、そういうことを言われると、とても腹立たしいのです。……いいの、彼らが全日本らしいっていうのは、ずっと周りから聞いていることなんです。その度に私は、「それは違いますよね？」と言う。プロレスの記者の人達はみんなわかるの——「一番の侮辱ですよね？」って。私もそう思う。そこの殻から抜けたいと思って出たんです。でも、抜けられないのは彼らじゃないの？

——ファンからしたら身がちぎられるような思いなんです。だって、馬場さんの教えで育ったノアの選手が全日本プロレスの時とガラリと変わってしまったら、本当に困るんです…。

……ノアが伸び悩んでいる原因はそこでしょう？　……お客さんが入らなくなるから、誰か他団体の選手を呼んできては入れる。以前と同じことを考えているってことでしょう？　じゃあ、彼らがやろうとしていた自分達の新しいプロレスって何なの？それをやってないいんじゃないですか？

——……………。

……あなたが弁護したって何したって……じゃあね、三沢くんや小橋くんに代わる選手は誰？　秋山くんに変わる人は誰なの？　ジュニアは今、誰なの？

――ヘビー級で今、彼らに代わる選手はいません…ジュニアは充実していると思います。丸藤選手、ＫＥＮＴＡ選手、鈴木鼓太郎選手あたりが…。

丸藤くんにしたって馬場さん学校で育った人じゃない？　その下も育った人が同じことを教えるから、馬場さん学校が続いているということでしょうけど、彼らはそれに反発して出て行ったんですよ。

――個人的にはノアに何か奇抜なことをやって欲しいわけじゃありません。

そんなこと私は知らないし、個人的に何を思おうと私には全然関係ありません。ノアが何をしようと、新日本さんが、全日本が何をしようと……ただね、彼らが間違っているとひとつ言えるのはね、プロレスにプライドを持っていれば、今こそ次の人を育てて、そして、やっていいことと悪いことは何なのか、ちゃんと他団体と話し合って決めることなんですね。そういうことを含め、ある程度ラインを引く時が来たんじゃないかと私は思いますけどね。

――……馬場さんが常々言っておられたことはそういうことでしたね？

でもね、馬場さんのことを今言っても仕方がないんです――「馬場さんがいたら、今、こうはなっていなかったと思う」とみんなそう言います。でもね、そんなことはわからない。ただ、馬場さんなら自分の置かれた立場をすぐに考えたとは思います。今、何をどうしなきゃいけないかって。今のレスラーはみんな、イコール自分の為だけなの。「そこにプライドってものはないんですか？」と聞きたくなるんです。プライドがあったなら、将来がある後輩達に、これ（＝プロレスをやる場）を残してあげなくちゃいけないいんです。〝自分達の世界〟だけのことじゃないいんです。その為にはいろんなことを後輩に伝えなくちゃいけない。そう思うのが先輩じゃない？

――確かにそうですねぇ……。

…話し合っていることは、いつどこでどんなカードを組もうかとか、そんなことばかりですよ。

――憂いているという感じですか？

いや、憂いてなんかいません。

――もう、対岸の火事という感じですか？

いや、対岸云々でもありません。考えたって、もし意見を言ってあげたとしても、今は意見を聞くような人は誰もいないと思います。聞こうともしないし、聞きたくもないでしょうからね…。

――久々に元子さんが興行を手掛けることになった、馬場さんの七回忌追善興行（平成17年2月5日）が日本武道館で行なわれました。男の子達による聖歌隊の『上を向いて歩こう』や賛美歌で幕を開けたセレモニー。デストロイヤー、スタン・ハンセン、坂口征二さん、高山選手、武藤選手、勿論、川田選手、天龍選手、渕選手ら、そうそうたるメンバーが馬場さんを偲び集まりました。すべての試合が、馬場さんに捧げられた、とても愛溢れる素晴らしい追善興行だったと思いましたが？

いらしてくださった方が、「行って良かった」と思ってくれたら…その、努力はしましたよ。馬場さんならどうしたいかなとか、いろんなことを一生懸命考えて作り上げた興行でした。棚橋さんがね、「何かお手伝いできることはありませんか？」と言ってくださったじゃない？　ノーサンキューなの。ああいう時は一切外の方は入れないのね。馬場さんのことを、あなた達にわかるわけがないっていうのが私の中で大きくあるんです。それは本当はとてもいけないことなんですけど、最初から多くの人に手伝ってもらおうなんて思ってなかったんです。そこは馬場さんが、「おいおい」と思われたところかもしれない。で、おっしゃるように子供達が歌を唄ってくれたでしょう？　実は、休憩の後にセレモニーをやるのは、とっても怖いんですね。

――色が変わってしまうからですか？

というかね、お客様がざわついていて集中していない。例えばトイレや買い物に行ってその集中力がなくなっちゃうんです。そういう時はどうすればいいかって考えるの。私、そういう仕事が大好きなんですよ。私ならどうして欲しいかなぁってね。で、何か音が出れば、みんな何か始まったんだと思う。それから席に戻っても、しばらくの間はその音楽＝歌で時間が流れる。そこからセレモニーに入ろうと思ったんです。子供達も凄く頑張って唄ってくれました。いつもは教会で唄ったりしている子が、あいう大きなところで唄うのは初めての経験だったでしょうからね。ところが、途中で手拍子が起きちゃって、ああ、困ったと思ったんです。武道館というのは上に行くほど音がズレるじゃないですか？　アリーナで聴いていると歌の方が先に行っちゃって、手拍子が遅れる。唄っている子達は困るだろうなぁと思っていたら、それでも必死になって自分達の歌を唄ってくれました。そういう必死さ——試合もそうでしょう？　「馬場さんに見せるんだ」ってみんなが必死に戦ってくれた。だからね、何でも一生懸命にやれば、少々どこかで失敗しようと、その結果はどうであってもOKなんじゃないかと思うのね。

——追善興行で涙はありましたが、現在のプロレス会場にはない、幸福感に満ち溢れた興行だったと思いますが？

私達がいつも、ああいう空間で仕事が出来たことはとても幸せだったと思うんです。

お客さんとリングの上が一体となる。今もあるにはあるんだろうけど、何か、とてもみんな、温かい目でリングの上を見てくださっていたと思うんですよ。

――あれは一体何だったんでしょうね？

…長年愛してくださったお客様が作ってくださったものです。

――当時の全日本プロレスだけが持っていた独特な空気感だと僕は思います。

よくね、入口から違うって言われたものです。でも、私達にはそれがわからないですからね。

――何か独特な…アットホームな雰囲気と言ったらいいでしょうか？

お客様にひとつ何かを聞かれたら、それに一生懸命応えようとする。それに応えないスタッフがいると、私は怒るのね。で、自分でやっちゃう。みんなはもうそれに慣れちゃって、後楽園ホールだと近くで私が見ているというのもわかっているし、それで余計にお客さんに対して礼儀を尽くすの。お客さんが何か困っていたら必ずヘルプする。あ、このお客さんは新しい人だなとか、そういうのが私達にはすぐにわかったんですよね。

――新潟市体育館でも後楽園ホールでも、日本武道館でも同じ空気感でしたね？

後楽園ホールと新潟や長岡の会場は違うなんて…馬場さんはそんなラインは引いて

いませんでしたよ。だからと言ってファンに媚びているという気持ちもなかった。一線は必ず引いていました。今は記者との一線もないみたいですね。記者の人が勉強不足というのか…馬場さんはそう思ったら一切口をきかなかった。それはそれは厳しかったですよ。

――勉強不足の記者が悪いんでしょうけど、怖いですね？

私達だって、「何を聞いているの？」と思っていましたよ。そんなことがあると他社の先輩記者なんかが必ず――「あんなことを聞くのは失礼だろう？」と言って怒り出す役が必ずいたものですよ。そんな風に記者のモラルも統一されていたんです。それが今はない。私も記者会見をしていて凄くよくわかったのが、「あなた、何をしにここに来たの？」っていう質問がある。「えっ？　何を聞いているんだか…答えられないわ」って。やっぱりある程度勉強をしてきてくださらないとね。それまで私が何を発表してきたか。今日、この発表なら何を聞かなきゃいけないのか。この前の記者会見でも最後に凄く変な質問をされたので、「すみません。誰か私を助けてください（苦笑）」と言ったら、ベテランのカメラマンさんが、「そんなの放っておきましょう。元子さん、構わなくていいですよ」と言ってくださった。それくらい、すべての人が前向きじゃないというのか…。

――要するに記者も礼儀やプロ意識が受け継がれていないということなんですね？

それが今風なのか、それはわかりませんけど、今のプロレス界に怖い人がいないんですね。みんな記者は自分の仲間――仲間というより自分の味方につけちゃう。「イエッサー‼」と言っている人はＯＫで、反発する人は、「何だよあいつ」ってなっちゃうから、みんなハイハイと言うことを聞くだろうしね。だから今のプロレス界で本当に話が出来る人は５～６人くらいしかいませんね。新しい記者とはもう、とんちんかんで話にはなりません（笑）。

――さて、これからのお話になりますが、七回忌追善興行を終え、これから具体的に馬場さんに絡むことでおやりになられたいことは何かありますか？

（きっぱりと）ないですね。

――寂しいことを言わないでください…。

私は寂しくないもの（笑）…全然寂しくない。

――それだと、今日のインタビューは終わっちゃうんですが（苦笑）…。

それは仕方がありません（笑）…馬場さんの名前を使って何かしませんかとか、いろんなお話を頂くんですけど、馬場さんなら出来ただろうけど、私には無理だということがいっぱいあるんです。今は、初めての気楽さ――私は今、タケノコみたいなのね（笑）

…ひと皮剥いて、ひと皮剥いて…どんどん中は細くなって行くんだけど、でも、タケノコって美味しいでしょ？　そこに向かっている感じなんですよ。そんな風に皮をはぎ取っては捨てる。捨てるという言い方はおかしいですが、いわゆるいろんな意味で縮小して行く。そうすると身軽になる。そっちの方の考え方ですよね。今は新しいことを何かやろうとか、そういう気はないんです。「今さらまた何を言うの？」みたいなことばかりで……「それが馬場さんの為だ」とみなさん言われるんですが、実は私にとってはそうでもないよって感じなんです。

［第五章］

十三回忌前 II

Interview Data

2010年11月26日

（ザ・キャピトルホテル東急）

今もある馬場さんからの信号

王道継承

ジャンボ鶴田最強論

NWA世界チャンピオン

ザ・デストロイヤー

ファンクス

ブルーザー・ブロディ

スタン・ハンセン

SWS

四天王プロレス

三沢光晴の死

プロレス界へのメッセージ

今、馬場さんに言いたい言葉

――早いもので、もうすぐ馬場さんの十三回忌なんですね…。

そう、本当に早いですね。先日、馬場さんと仲の良かった名古屋の方が亡くなられて…寂しいですね。本当に亡くなられる方も多くなって。この十三回忌では随分メンバーが変わるでしょうね。古いお付き合いの方がお見えにならないというよりも、本当にいらっしゃらない…天国で十三回忌が始まるんじゃないかと思うくらいですから(笑)。

――この本には七回忌を目前に控えた元子さんのインタビューも載っているんですが、そこで語られている、馬場さんが亡くなられてからしばらくの間の元子さんの精神状態は壮絶なんですが、でも、あれから十年以上の月日が流れて…。

…年月や時間というのは凄いなぁと思いますね。勿論、時間だけじゃないけれど、私も新しい生活を積み重ね、みんなもやっと私がひとりだということに慣れてくる。それまでは何となく、「…ここまで踏み込んでいいのかな?」とか、向こうにも躊躇があったと思うけれど、それが今は、「ちょっと来て」「はい」って飛んで来てくれるし、「これ、やってくれるかしら?」と人に素直に言えたり頼んだりできるようになったんです。前はね、こんなことは自分でやらなきゃとか、人に頼みたくないとか、そんな、ちょっと壁を作っているような感じだったんですが、今はそれがなくなったんですよ。今いる、このキャピトル東急も馬場さんが好きで通った頃のキャピトル東急ではなく新しくなったでしょう？　……すべての面で変わって行くの。実は、ひとりで外国に行っちゃいけないという馬場さんの言いつけがあったんですよ。

――そんな約束事があったんですか？

絶対ひとりでは行かせもらえなかったんです。慣れたハワイだからいいかなぁと思いつつ、でも、ハワイは私も馬場さんと一緒に行くところだと思っていましたからね。だから今、ハワイでぶらぶら歩いていると、最初は何か変だったの。「あ、そうか、今はひとりで行動しているんだ。もっとさっさと歩かなきゃって（笑）」。で、嬉しいことにホノルル空港のポーターさんが私のことを覚えていてくれて。

――馬場さんと一緒にハワイに来ていたことを覚えているんですね？

そう、私がゲートから出て来るのを待っていてくれる。そういう人達に守られているというか、今はすべてそんな感じなんですね。最初は、知っているところにも行きたくないし、だからといって知らないところにも行きたくなかった。凄く中途半端な感じだったんですが、今はもう、自分が一番安心できる場所を自然と探すようになったのね。生きて行く上での知恵なんでしょうね。

――以前もお聞きしたことがあるんですが、七回忌を終えて少し経った頃、「何だか世の中が変わって見える」と言われていました。今はどうですか?

…あの時はね、「もう、変わりなさい」っていうのがあったんだと思います。七回忌八年目、九年目……そして十年目くらいから、ああもう十年経ったんだっていうのがあったし、世の中があまりにも早く回転して行っちゃうでしょ? そんな中でぼーっとしていたら置いてけぼりになっちゃう。こりゃいけないなって。そういうのもうまく作用したというか。馬場さんの年忌と世の中の変わり方ですかね。健康ならまだ何でも出来る。その、相乗効果みたいなものなんじゃないですかね。

——馬場さんが亡くなられた直後、元子さんが全日本プロレスのオフィスに行って滅多に取らない電話を取ったら、ちょっとしたトラブルの電話内容だった。「馬場さんが教えてくれたんだなぁ」と言っていましたが、あれは今でもそう思いますか?

はい、今でもそう思っていますよ。

——今でも馬場さんからの信号はありますか?

ありますね。だって、悪い人は絶対中に入れない。私の周りに来れないの。だからと言ってあなたがいい人だとは限らないけれどね(笑)。

——(苦笑)そんなことを言わなくても…。

(笑)こんなことを人様に言うと、「何を言ってるの?」と思われちゃうんですが、いろんなことを、まず馬場さんに、「どうしましょうか？」って相談するでしょう？　その返事はすぐに馬場さんから出ては来ないし、出してもらえるものでもないけれど、結果として、すべて答えが出ているんですよ。

――それがわかるんですね？

はい、わかりますね。

――「この人には会うな…」っていうようなことですか？

いや、会うな、じゃないの。会えないようになる、そういう作用です。電話があって、向こう様は会いたいとおっしゃる。でも私は、嫌だな、会いたくないと思っている。でも、すぐには断れない場合もありますよね。そうすると何かが突発的に起きる――お約束をしていても、そういうことが起きると、優先順位は変わります――「そこには近寄らせないぞ」というようなことが必ずあるんです。

――それが信号だというのがわかるんですね？

そう、また馬場さんが教えてくれた。だから、知らん顔をしていればいいんだなって。

――そんな時、馬場さんとコンタクトができて嬉しいと思いますよね？

コンタクトは毎日していますから（笑）。でもね、急に何かを馬場さんに言ったたって……馬場さんをどこまで思い続けられるかなんですよ。そうすれば、馬場さんからの答えもおのずと返ってくる。馬場さんを忘れていたら答えなんて返ってこない。私はそう思っています。みんな困った時だけ、「お願いします」と言うけれど、それじゃあ、「何だ、勝手なことを言って…」みたいになるものね。

――当たり前の質問で大変失礼ですが、「逢いたいなぁ…」と思われませんか？

…ありますよ……逢いたいっていうんじゃなくて……………じかに話がしたい。……一緒に何か同じことをしたい。馬場さんの大きな手の温もりを………感じるんだけれど、それはもう過去のこと。……でもね、そんなことを思っていてもしょうがないものね。私はもう、それを思って過ごしちゃいけない――「悲しむなよ。いつも側にいるよ」と言ってくださってるのにそれ以上のことを望むのはいけないことなのかなって……でも、叶えられるのなら………今の世の中のことを思うと複雑ですよね。馬場さんは困っただろうなと思います。馬場さんは生きていけないですよ……繊細ですからね。

――過去に何度も言わせて頂いたんですが、馬場さんが生きていたらプロレス界はこうはならなかったんじゃないかと思うんですか？

…馬場さんをもってしても……時代の変化と共に、ある程度は下がっていると思いますよ。昔は、ファンと一緒になってひとりのレスラーを育てた。練習生から入って、そして第一試合に出て、そこで勝てなくても、声援を受け、いろんなことを勉強して、それで上に上がって行く。今、それがないものね。

――確かに、レスラーが次々と育っているという実感はありません…。言い方は悪いけれど、普通の人なのか、レスラーなのかわからない（苦笑）…だから事故が起きるんじゃないかな。レスラーもその自覚がない。素人さんにやっていいことと悪いことの自覚がないから、亡くなる人が出たり、いろんなことがあって…。それではファンの気持ちが離れるでしょう？

――本当にその通りだと思います。僕も含めてプロレスから気持ちが離れた人は多いと思います。筋肉だけがついた身体だけのレスラーも多く見受けられます。馬場さんは、全日本のレスラーにそういう身体作りをさせなかったように思いますが？

いや、作らせなかったんじゃないんですよ。胸に筋肉がつき過ぎると心臓を圧迫するし、長い試合をすると息があがっちゃうんですね。しかも、ある程度の肉づきがないと、受け身を取った時に身体が痛いですからね。

――逆三角形のボディビルダーのような身体作りではなく、腰回りの肉づきなど、常に受け身を取るということを大前提にした身体作りを提唱されていたように思いますが？

プロですから、裸になって身体を見せるという目的もあるけれど、やっぱり、受け身が取れるというのが基本中の基本ですからね。多分、今の人は受け身が取れていないないんじゃないですか？

――受け身が上手じゃないレスラーの試合は見ていてとても疲れますからね。

若手がリングで受け身を取り損ねると馬場さんは、「な、危ないだろう。あの程度で済んだからいいようなものだけど、あれがまっさかさまに落ちていたらエラいことになっていたよ」とか、よくそういうことを言っていました。リングの中とはそういうものであって、しかも自分で納得してひとつひとつ基本を覚えて行かないと…常に誰かが側にいるわけじゃないですからね。

――ノアの丸藤(正道)選手の受け身はとても上手だと思います。

金丸(義信)くんもそう。でもね、上手というより、あの細さなら、それは当たり前のことなのね。

――ああ、そういうものですか？

私はそう思いますね。運動神経が良くて動きが敏しょうでしょう？　だから、ある程度はできると思うのね。ある時から馬場さんは背の小さなレスラーをリングの上である地位を与えた――ジュニアというものを作り、それはそれで大事に守っていたと思いますね。

――ジュニアの選手にも馬場さんが直接指導をされたんでしょうか？

勿論、「リングに上がれ」と言われ、最初は馬場さんの指導を受けるけれども、その手ほどきをずっと受けているわけじゃないんです。馬場さんがある人に教えて、その人が下に教え継いで行く。この人は教え方も受け身も上手。そういうレスラーと若い人達やジュニアと一緒に練習するように指導していました。その先輩が余計なことを教えたりしていると、「余計なことは教えるなよ（苦笑）」なんて言いながら、それでもずっとリングの中を見つめていましたよ。

――馬場さんのような指導者が不在だから新しいスターが現れないんですね？

それと、政権交代じゃないけれど、ある年齢が来ると――馬場さんのように引けるという人は、なかなかいないと思います。あの勇気たるや、凄いものでした。

――確かにその通りですね。プロレスラーは、「自分が自分が」という自己主張の塊のような人種ですからね？

みんなそうなんですね。逆にそうじゃなければ、あんな危険なことはやれませんから。

――馬場さんが引かれた時の、その分岐点を覚えておられますか？

多分…分岐点というのではなくてね、下が育ってこないと引けないわけですよね？

その為に馬場さんはジャンボ（鶴田）なり、次々と選手を育てて、後はまかせようと思っていましたね。ただ、〝王道〟を教えていたのは……ジャンボだけだったと思います。

――やはり馬場さんは次を鶴田さんに託そうと考えておられたんですね？

勿論、そうですね。

――でも、鶴田さんは身体を壊されてしまった…。馬場さんは早く治して全日本プロレスの経営に携わって欲しいと願っていたでしょうね？

……でもね、相手は肝臓でした。最初、緊急入院をして、ちょっと危ないかもしれないという電話があったんです。それで私達が病院に行ったら、黄疸が出ていて、実はもうダメだと思ったんです。馬場さんも、もう無理はさせられないと思ったんでしょうね。それがどんな病気なのか、私達もいろいろ調べましたから。一回は治って、またリングに上がりましたけれど疲れも出るし、無理ができない病気でした。でも、ジャンボは母子感染でしたから私達は治ると思っていたんです。三沢戦でしたかね？

……やっぱりキツかったんじゃないかな。それをきっかけに、トップでやるよりも、その前の位置で試合をしようと思っていたんじゃないでしょうか。

――馬場さんとしては後継者と考えていたでしょうから、随分ショックな出来事ですよね？

そうでしょうね…でも、次の人も育ってきていたし、しかも、誰がトップに来てもおかしくないという状況でしたから、その辺の切り替えはできたとは思いますが、心情的には苦しかったでしょうね。

——そうでしょうねぇ…今でもプロレスファンの間では、〝ジャンボ鶴田最強論〟が根強くあります。鶴田さんは全日本プロレス立ち上げと共に馬場さんがスカウトした初の新人レスラーでした。つまり、伝説となるような選手を発掘し育てた——〝プロデューサー・ジャイアント馬場〟最大の功績だと思いますが？

私と馬場さんはジャンボに会いにアマレスの練習をしていた大塚のスポーツセンターに行ったんです。男の子ばかりだから汗くさくてムンムンしていてね（笑）…キョロキョロ見渡したんですが、みんなお揃いのジャージを着ているからわからなくて、私は、「どの人？　誰が誰だかわからない（笑）」って大きな声を出したんです。そしたら目を細めた男の子が近づいてきて、「まさか、この人じゃないわよね」と思ったら、「鶴田です」って（笑）…ジャンボは近眼だったの。大きいのは確かに大きかったけれど、その時はまだ細く真っすぐな体型でしたね。ジャンボには……思い出がいっぱいありますね。

――「全日本プロレスに就職します」と言ったり、「馬場さんに会いに行ったら玄関にあった馬場さんの大きな靴の中で猫が寝ていた。いい人に違いない…この人にお世話になろうと決めた」とか、とにかくいろんな逸話がありますね？

そのね、猫が寝ていたって話、私も人からよく聞くんですが、ジャンボからそんな話を聞いたことがないんですよ（笑）…そういう話があってもいいんですけどね。

――（笑）はい。で、鶴田さんについては、まず、何を思い出しますか？

…ジャンボはね、修行を積んでいたテキサスから必ず一週間に一度、誰と試合をして、何分、何の技で勝った、負けたというのをハガキに書いて送ってくれたんですよ。で、たまに電話をかけてきて、「元気？　何か欲しいものある？」と聞くとね、「劉昌（りゅうしょう）麺‼」って言うんですよ（笑）。

――それは何ですか？

インスタントラーメンなんですよ。「劉昌麺が食べたくて食べたくて…夢に見ます」って言うから送ってあげたんですよ。そしたら本当に喜んでね。ジャンボは何処に行っても、「やぁやぁやぁ‼」って感じで明るくてね。英語がわかっていたのかどうか…あまりわかってなかったんじゃないかなぁ（笑）。

――馬場さんは団体旗揚げ直後ですから、若手のエースが欲しかったわけですよね？

馬場さんはね、新しいタイプのプロレスラーを育てたかったんですよ。大きい人でジャンプのできる人をね。ジャンプと言ったら小さな人だし、それまではどちらかと言ったら、お相撲さんからプロレスに転向する人が多かったから、ジャンプは得意じゃなかったんですよね。

――鶴田さんの身体能力がおめがねにかなったんですね？

運動神経がある人かない人かはプロだからわかりますよね。ただ、その時はまだアマレスでグラウンドが多かったですから、ジャンプができるかどうか…でも、教えれば大丈夫だと思ったんでしょうね。

――馬場さんは武者修行を終え帰国した鶴田さんとタッグを組み、ファンクス（ドリー・ファンク・ジュニア&テリー・ファンク）と戦い（昭和48年10月9日・蔵前国技館）愛弟子を生き生きとアシストされていました。戦いを終えてからの馬場さんの表情や発言はいかがでしたか？

（笑）この日の馬場さんは自分の試合よりも疲れたんじゃないかと思いますね。

――見事なブリッジ、そしてスープレックス、ジャンプ力。素晴らしい身体能力をアピールした、プロレス史に残る鶴田さんのデビュー戦でしたね？

みんな目をまん丸にして見ていましたね（笑）。「えっ？　こんなことが出来るの？」っていう。今までにないプロレスをファンクス相手に出来たんだから、それは満足だったでしょうけど、自分の教えた弟子と一緒のリングに上がるというのは馬場さんにとっても初めてのことでした。そういう意味での精神的な疲れはあったと思いますね。

──「やれやれ…」ってことですね？

そういう気持ちが一番大きかったと思いますね。これで、後はジャンボをどうやって育てて行くかということでしたからね。

──元子さんは鶴田さんのデビュー戦を側で観ていて、どんなことを思われましたか？

ジャンボが、とにかく楽しそうに試合をしていて、こんなに凄い相手と試合をしているのに…気遅れしない、凄い新人だなぁって。普通新人はガチガチになるものだけど…違うんだなぁって。あのね、ジャンボのガウンなんかは、しばらくの間は私が作っていたんですよ。

──えっ？　本当なんですか？

そう、色のコーディネイトとかを考えて、タイツはこれ、そして上はこれっていう風にね。

――青と赤、そして星印のテキサスの国旗（旧テキサス共和国）カラーは、元子さんが？

そう、それまでは綺麗な色を使ったコスチュームがなかったんです。テキサスというところが私は大好きだったし、じゃあ、国旗の色かなって。で、お星様をお尻につけたのね（笑）。

――あれも元子さんが？……初めて知りました。

そんなことは誰にも言っていませんからね（笑）。でも、途中からジャンボにもスポンサーができたり、それで違うコスチュームを着出してから私は手を引きましたけれどね。

――本当に、馬場さんと元子さんの2人で新人を育てようとされたんですね？

私はリングの中のことは出来ないけれど、ジャンボの外を飾ることはできるわけじゃないですか？　とにかく、みんなに新鮮なレスラーに映ればいいなと思っていましたね。

――コスチューム的なレスラーで衝撃的だったのは、カラフルなマスクを被ったミル・マスカラスでした。リングインしてオーバーマスクを脱ぎ捨て、ファンに投げ入れるサービスは、とても日本人には真似のできないパフォーマンスでした。でも、鶴田さんのデビューは、彼らと対等に輝けるニューカマーの誕生という感じでした。そう、それには観た目も大事なんですね。星をつけるのをどこにしようか、悩みましたけどね(笑)。

――鶴田さんはあの時、何の緊張もしていなかったんじゃないでしょうか?

そういう意味では新しいタイプの人だなぁってこと。さっき言われた、「全日本プロレスに就職しました」という記者会見での発言もそう。ああ、そういうことなんだなぁって思いましたね。

――今までのプロレスラーにはなかった発言でしたよね?

そう、いい意味でも悪い意味でもね(笑)。でもね、「馬場さんの言われることがすべてです」というのも彼の言い分でしたからね。馬場さんの言うことさえ聞いていれば間違いない、そう信じてずっと育って行きましたからね。

――身体能力が相当高かったし、〝最強論〟が未だ残るということに関してはいかがですか?

何と言ったらいいか……身体を作るということはしませんでしたよね。

――練習をしなくても、何でも出来たということですか?

いや、勿論、練習はするけれど、敢えて筋肉をつけたりしないってこと。でもね、いろんな意味で彼は周りの人達に助けられたんですよ。アメリカでもいいコーチがついていたし、いいライバルがいたっていうのが大きいですね。スタン・ハンセンがライバルでしたね。プロはライバルがいないと向上して行かないものなんです。

――途中から天龍さんがライバルになり、同世代でアマレス出身ということもあり、長州力さんともしのぎを削ったという印象ですが？

2人とも違う面を持つ、ある意味で個性的なレスラーだけど、彼らとジャンボの試合を見て比較してみると、あまりにも淡々とやっちゃうから盛り上がりに欠けるところがあるんですね。「ジャンボ、外に、オー‼ なんてアピールしている暇があるなら、リングの中に集中してよ」とよく思っていましたから（苦笑）。

――確かに、そういうスタイルに賛否両論がありましたね（笑）？

（笑）そう、彼にはそれぐらいの余裕があったってことなんですよ。

――それを象徴する試合が大阪城ホール（昭和60年11月4日）での長州力との唯一のシングル戦でした。60分フルタイム、ドローでしたが、鶴田さんは役者が違うぞという余裕の内容でしたね？

そう、片方はヘトヘトで立てないと言って、ジャンボは、「試合の後に、スキップしちゃダメよ」と言いたくなるくらいだったのよね（笑）。

すか？
――(笑)それは逸話になっていますが、側で見ていて、本当にそんな感じだったんで
そう、本当にそんな感じで帰って来たのね(笑)。
――長州さんはなかなか控室から出て来ず、鶴田さんはシャワーを浴びてケロッとし
ていたという…。
花道を歩いて帰って来る時に、もう、ほいほいほいほいって感じだったの(笑)。さすがは
ジャンボだなぁって私達は見ていましたけれどね。もう一方は周りのレスラーが囲ん
じゃって大変だった。それだけの違いを彼は持っていたんですよね。
――我ながら、その自信には自覚があったんでしょうか？
そう、でもね、レスラーってそれだけでいいってものでもないんですね。
――確かに、余裕がありすぎるとファンは肩入れしにくいですしね。で、鶴田さん自
身も馬場さんに継ぐ次代のエースになり、そして、ゆくゆくは団体経営に参画しよう
と思っていたのでしょうか？
そう、それまではやろうと思っていたでしょうね。でも、内臓疾患が出てきちゃった。
――馬場さんが亡くなられた後の鶴田さんの死もショッキングな出来事でした……。
また、鶴田さんが全日本プロレスに入門する頃、馬場さんはまさにプロレスラーとし

て最も脂がのっている時期でもありました。それを裏づけるのが、昭和49年12月2日にジャック・ブリスコを破りNWA（ナショナル・レスリング・アライアンス）世界ヘビー級チャンピオンになったことです。馬場さんがあれほど喜びをあらわにした試合はなかったと思います。元子さんは、あの試合で思い出されることは何でしょうか？

あの試合は鹿児島ですよね？　…私は確かステージだったか、少し高いところから馬場さんを見ていたんです。私達は試合会場では、あまり喜怒哀楽は出さないんですが、馬場さんの手があがったその時、私も、「やったー‼」って喜んで（笑）。しかも馬場さんは私が何処にいるかをわかっていて、それで一瞬目が合ったんですよ。

——馬場さんはリングの上から元子さんとアイコンタクトを？　…凄いですねぇ。しかし、当時のNWAの価値というのは、まさにプロレス界最高峰のベルトと言えますよね？

それを腰に巻くというのがレスラーみんなの夢でしたね。しかも、誰もが挑戦できるわけじゃない。馬場さんが勝ったブリスコは随分長い（約一年半）チャンピオンでしたから——「何でこんな人がチャンピオンなんだろう？」と私は思っていましたけれどね（苦笑）。

——派手さはないけれど、基本をちゃんと持ったいい選手ですけれどね？

確かに基本は出来てはいるんだけど、アメリカ人の割には小さかったし…。でもね、当時、NWAのベルトが巻けたというのは凄いことだと思いますね。

――馬場さんは随分喜んでおられたでしょうね？

はい…ベルトの管理が全日本プロレスになりましたからね。

――あのぅ…元子さんは、そのベルトに触られましたか(笑)？

(笑)うふふふふ…そりゃあ勿論。ああ、これがNWAのチャンピオンベルトかぁって思いましたよね。

――ルー・テーズを筆頭に、そうそうたるレスラーが巻いた伝統のベルトですからね？

だからね、その重さというものを今の人に、もう少しわかって欲しいんですね。

――しかも、馬場さんはNWAのチャンピオンに三度なっておられます。

大きくなってみないとわからないだろうけど、小さい人だと簡単に下にあるものが取れるけど、大きい人は距離があるから大変なんですよ。私はね、ベルト云々も勿論凄いと思うけれど、馬場さんの本当の凄さは、あの身体であれだけのことがやれたことだと思うんです。あの大きさで、あれだけ飛んだり跳ねたりは普通できないですよ。だから最終的にはベルトも巻けたし、いろんなことが付いてきたんだろうと思います。若いレスラー達は、馬場さんはいつ辞めるんだろうと思っていたかもしれない。でも、みんな歳をとるわけじゃないですか？　いざ、自分がその年齢になった今、それを感じていると思います――馬場さんは凄かったんだなって。

――今、同じ年齢になってようやくですよね？

そう、四十代であれだけの動きができたか。今の四十代のレスラーみんな何処かが悪いでしょう？

――そう、膝だの何だの、みなさんそうですよね。馬場さんも怪我はありましたが、慢性的に抱えていた怪我はなかったですよね？

そう、馬場さんがニーパットをするなんて随分後になってからですよ。

――少し話が逸れるかもしれませんが、大きなチェ・ホンマンという韓国の格闘家がいますが、最近はドラマに出たりしています。馬場さんは、その身体の大きさを売りにした役者業などはやらなかった。映画やテレビから多くのオファーがあっただろうと想像できますが、プロレスラーとしてのプライドを重んじた気がします。それを寄せつけなかった元子さんの陰の力も大きかったんじゃないかと思うんですが？

いや、そんなことはないですよ。だって、映画『007』から出演依頼の話があった時、ちゃんとギャラの提示はしたんですよ。確か、六カ月という長い休みを取ってロンドンに行かなきゃいけなかった。でもね、馬場さんが提示したのがとんでもなく高いギャラだったんです(笑)。いや、決してふっかけたわけじゃないんですよ。当時、会社を作ってすぐのことでしたから、「自分はこれだけの責任を背負っているんだ。それがあなた達に支払えますか?」ってことだったんですね。

——金額の提示をされたんですね? つまり、折り合えば出演したという可能性があったという?

そう、とりあえず出て欲しいということでしたから、提示はしましたね。自分はレスラーとしてこれだけの金額がないと会社に属しているみんなを養って行けない。その責任は自分にあるってことでしたね。

——馬場さんの気持ちとしては、折り合わないだろうなぁと思っていたという?

まぁ、それもあったでしょうけど…ただ、出たくなかったら出たくないと言ったでしょうね。監督も含めた多くの方が話し合いたいと東京にいらっしゃった。でも馬場さんは、「まず、この金額がイエスかノーかを聞かせて欲しい。そうじゃないと話のテーブルには着けない」って。

——つまり、交渉は決裂したんですね?

勿論(笑)…だって、主演のギャラよりも高かったんですから。

——（笑）ジェームス・ボンドよりも？　…〝32文ロケット砲〟というドロップキックを放ち、しかもトップロープに登りニードロップをも繰り出す。さっき元子さんがおっしゃったように、とにかく馬場さんは動き回りました。でも、その大きな身体をプロレス以外では使わなかったというのは、実はとても凄いことだと僕は思っているんですが？

よくファンの人が近くに来てはね、「うわぁ…でっけぇなぁ」って言う。だから私は、「馬場さんが小さかったらどうなるの‼」と、よく言いましたよ（笑）。

——ジャイアント馬場ですからね？

そう、野球の時はわからないけれど、プロレスラーとしての自信から来るものじゃないかと思います。

——先日、元子さんと電話でお話しした時に、「プロレスラーは馬場さんの天職だったと思います」と言っておられましたね？

それは本当にそう思います。馬場さんがよく言っていたのはね、「レスラーってタイツ一枚持っていたら世界中を旅ができるんだ」ってこと。で、「リングシューズは？」と聞いたら、「リングシューズ？　あんなのなくたっていい。タイツさえあればいいんだ」と言っていましたからね。

――まさに、〝たった一枚〟ですね？

それは自信とプライドがあって初めて言える言葉です。みんながタイツ一枚持って行ったって…。

――何も出来ないでしょうね？　例えば、グレート・カブキやグレート・ムタが、いわゆるペイントしたキャラクターを持ち外国で活躍した時期がありましたが、馬場さんはまさにタイツ一枚でしたね？

私は彼らと馬場さんを比較したことなんてないですよ（苦笑）。馬場さんはアメリカの小さなエリアをずっと廻り、そして単発で大きなところで試合をやった。そのギャラが凄かったですから。それはね、普通取れるような金額じゃなかったんですよ。

――ニューヨークのマジソンスクエアガーデンでメインイベントを務め、しかも何度もソールドアウトにしました。馬場さんがその時稼いだお金、一体どこに行ったんでしょうか（笑）？

（笑）うっふっふふふ…どこに行ったんでしょうねぇ。

――（笑）どこかの土地や別荘になっていたりしますか？

（即答で）なっていません。

――本当にどこに行ったんでしょうか？

（笑）馬場さんは生活できるだけのギャラを受け取り、後はマネージャー2人と日本プロレスに行ったということじゃないんですかね。

——マネージャーというと、グレート東郷さんですね？

そう、もうひとりは（フレッド・）アトキンス。

——プロレスの基礎を教えてくださった師匠ですね？

そう、彼にも支払われていたでしょうね。

——言葉は悪いですが、ピンハネが三カ所もあったということですね（笑）？

（笑）あはははは…まぁでもね、マネージャー制度というのはそういうものなんですよ。ピンハネって言葉は本当に悪いわねぇ（笑）…搾取…そっちの方が余程悪いかしらねぇ（笑）。

——（笑）はい、もっと悪いです。要するに、フレッド・アトキンスにはプロレスを教えてくれる授業料だと思っていたんじゃないでしょうか？

いや、どうなんでしょう…でもね、あの頃はとても楽しかったんじゃないですかね。ただね、意地悪をされたことはずっと覚えていましたね。

——どなたに意地悪をされたんですか？

東郷さんに（笑）。

——というと？

（笑）凄く面白い話で…あのね、まだそんなに売れてない頃、東郷さんの車に乗ってラスベガスに行って試合をしたんですって。で、試合後に、せっかくのラスベガスだからってギャンブルをして遊んだらしいんですよ。途中までは儲かっていたのが、最後には25セントどころか本当に1セントもなくなってしまったんですって（笑）。

——（苦笑）何でそこまで負けちゃうんですかね？

でもね、ラスベガスってそういうところなんですよ。最後の100ドルだけど、それをポンと賭けちゃうのがラスベガス。結局負けて東郷さんの車に乗せてもらって帰った。そしたら、ごはんも食べさせてもらえない。ハンバーガーひとつおごってもらえない。「おなか空いた？」って聞かれるだけ（笑）。しかもね、東郷さんは自分だけソフトクリームを買って食べていて。で、「俺には買ってくれなかった」って（笑）…。

——（笑）ソフトクリーム1個すら、おごってくれないんですか？

ハンバーガーで怒るならまだわかるの（笑）…ソフトクリーム一個ですよ。

——でも、笑い話ってことだったんじゃないですか？

でもね、その話をしょっちゅうしていたんですよ（笑）…。

——根に持っていたんですね（笑）？

（笑）よほど頭に来ていたんでしょうね。

――しかし、ソフトクリーム代くらいは残さないものですかね？　馬場さんはそういう遊び方はしなかったですね。その辺は豪快というのか…。

――ギャンブルはお好きだったんですか？

ああもう、好きでしたね。しかも、ラスベガスは大好きでしたね。

――儲けられたことはあるんですか？

はい、そういう時は凄かったですよ。ダイスをよくやっていましたね。でもね、負けだすとキョロキョロするの（笑）…あ、またヘルプかなぁってそこに行くと。私にもやれって言うわけ。それで私がやると、それが、もういいわっていうくらい、よく出たの（笑）。で、勝った分だけ私がもらってね。で、また馬場さんは遊びに行くっていう感じでしたね。

――若い修行時代の東郷さんとの苦い思い出もありつつ、再びラスベガスに行って遊ぶのは随分楽しいことだったでしょうね？

そうでしょうね。ラスベガスと言ったら別世界だったから、それは馬場さんにとってとてもリラックスできるところ。それがとても良かったんじゃないですかね。

――そうでしたか…。さて、全日本プロレス創世記の思い出深いレスラーと言えば、ザ・デストロイヤーです。昭和47年12月の新潟で、デストロイヤーが負けたら日本勢の軍門に下るという条件付きの試合を行ない、結局負けたデストロイヤーは、何とそれから6年半も全日本プロレスの日本陣営に協力しました。同時にタレントとしても大活躍しましたが、元子さんがデストロイヤーで思い出すことは何ですか？

馬場さんとは付き合いが凄く古いんです。私がハワイにいる時に一緒に日本から馬場さんについてやって来たんです。彼は私をすぐに見つけ、「モトーコ、モトーコ‼」と呼んでいるんだけれど、それが私には誰なのかがわからないんです(笑)。

――(笑)素顔のデストロイヤーですね？

(笑)そう、私がきょろきょろしていたら、馬場さんが笑って、「あそこにいるよ」って教えてくれたんですが、そう言われたって周りは全員外人さん。呼んでくれてはいるけれど、相手はわからずで(笑)…。

――怒られそうですが、どんなお顔立ちなんですか？

あのね、凄くインテリジェンスなお顔なんですよ。

――全日本プロレスに何故にあれほど貢献してくださったんでしょうか？

何でしょうねぇ…日本が居心地良かったんじゃないですかね。全日本は寄せ集めみたいな感じで人数が少なかったところから始めたし、まさに外人さんに頼っていましたよね。全日本所属というレスラーが馬場さんにとっては必要だったんじゃないですかね。

――馬場さんとデストロイヤーはウマが合ったんですか？

そう、喧嘩をしながらもね（笑）…。

――（笑）どんなことで喧嘩を？

ゴルフに行っては喧嘩をして（笑）…小っちゃなシビックって車があったでしょう？それをデストロイヤーが運転して、そこに馬場さんも乗ってテレビ局に行ったりしていましたよ。

――和田アキ子さんらとバラエティ番組に出て活躍されましたが、馬場さんはそれを認めていたんでしょうか？

馬場さんは、ああいうことはあまり好きではなかったですね。デストロイヤーは、ああいうことをやって少し変わらなきゃとの思いがあったのかもしれないですね。リング上とは違う人気が出たのは確かだけれど、プロレスラーとは面白いもので、いざ試合が始まると、レスラーそのものになるんですよね。でも、レスラーとしての寿命を少し縮めたかもしれないですね。

――デストロイヤーが相手の足を押さえて膝を落とす攻撃をすると、その痛さが伝わってきました。

彼の足は太いですからね。

――テレビの顔もありましたが、怖さ、恐ろしさを持った、素晴らしい選手だと思いますが？

特に若い時は、ブッチャーにしてもハンセンにしても近寄りがたい怖さを持っていました。それがレスラーです。でも、ああいう風にテレビでタレントさんに頭をバシーンって叩かれたりすると親近感は抱くけれど、その怖さがなくなっちゃうんですね。

――プロレスやプロレスラーの怖さや痛さを感じさせたのが、昭和52年12月、世界タッグ選手権でのファンクス（テリー・ファンク&ドリー・ファンク・ジュニア）対（アブドーラ・ザ・）ブッチャー&（ザ・）シークの試合でした。テリー・ファンクの手にフォークが突き刺さった壮絶な、今もなお語り継がれている試合がありましたね？

それをファンが望むなら、何でもやりますというのが馬場さんのプロレス哲学なんですね。

――でも、まさか、あそこまでやるとは…。

蔵前国技館なんかの試合の後、私達はよく警察にお詫びに行ったんです。だって、場外乱闘が外にまで及ぶなんてこともありましたからね（苦笑）…「ごめんなさい」って謝りましたよ。でもね、それもプロレス。ジャンボの試合もプロレスなんです。勿論、馬場さんの試合もプロレス。それがひとつになったものが後半の全日本プロレスだったんです。強いばかりを求めたのは前半だったけれど、途中でそういういろんなものがミックスされた。そこからさらに生まれたのが馬場さんのやっていた6人タッグマッチ。

——起承転結のある、いい意味でのバラエティ感ですよね？

そう、〝明るく、楽しく、激しい〟ですね。楽しんで一服して頂いて、後は激しいプロレスを若い人達がきっちりやって、ちゃんと締めてくれればいい。それが全日本プロレスです。

——その、全日本プロレスを支えた外国人レスラー達のことを少し伺いたいんですが、ファンクスは女性ファンからの黄色い声援も多く親衛隊も出来たほどでした。貢献度が高いですね？

特にテリーはドリーとは違ってタレント性がありましたからね。

——ドリーとテリーは2人ともNWAチャンピオンになりました。ドリーは強かったですが、あまり迫力のあるタイプのレスラーじゃなかったですよね？

黙々とやっている、職人肌のプロレスラーですね。人気はテリーの方が断然ありました。しかも時にテリーと同じことをドリーがやろうとするから、それはやめた方がいいんじゃないかと私は思いましたね。

――さっきのフォーク攻撃のように、テリー・ファンクはどんな攻撃でも受けようとする神経の図太さがあったように思いますが？

テリーはタッグで大暴れしていたという印象でしょう？　でもね、あれはお兄さんがいたから出来たことなんですよね。

――いわゆる安心感っていうことですね？

自分がどんなに無茶をしても、ある程度したら、お兄さんが相手をやっつけてくれるというのがあったと思うんですよ。だけど、あの、ブッチャーとシークは、そういうのでは収まらなかったんです。

――キレたら何をするかわからないという？

私は誰が怖かったかと言ったら、やっぱりブッチャーでした。会場で逃げ回っていましたから。

――追いかけられたんですか？

（苦笑）追いかけられたなんてものじゃなかった。目が合っちゃうんですよ。

――わざと元子さん狙いですか？

いや、そういうことでもないと思うんですけどね。ブッチャーってリングに上がるとずっと会場を見回すでしょう？　で、そこに私がいると何故か目がピッと合っちゃう。あ、あそこにいるんだなっていうのがわかる。ブッチャーは帰る時に寄り道をするんです。私は本気になって控室に逃げ込んだことがあるのね。

――冗談ではなくて？

冗談なんかじゃなくて、「馬場さん助けて‼」って。そしたら、若手の人がバーッと出て助けてくれましたけどね。ブッチャーは動きがわからない。リングの上でちゃんと試合をする人じゃないでしょう？　私はああいうレスラーは苦手なんですよ。そりゃあブロディだって危ないし、いっぱい危ない人はいるけれど、ブッチャーは試合以外でも本気だもの。本気はやっぱり怖いですよ。でね、「あのレスラーは凄いね」「うん？どこが凄いの？」「だって、雰囲気が凄いもの」とか、そういう会話は馬場さんとよくしたんです。私がブッチャーを怖がるでしょう？　でもね、馬場さんは、私が毎日見ているブッチャーを何故怖がるのか、そういうことに凄く興味があったんですね。つまり、私が怖がるレスラーは馬場さんにとって凄くいい商品だということがデータにインプットされるんですね。

――いわゆる判断材料ですよね？

そう、だから私がじーっと見ているレスラーは、どんなに周りの人がダメと言っても、「ひょっとしてあのレスラーには見込みがあるかもしれないな」ってことだったのかもしれないですね。

――それまでのレスラーとは違う意味で最も怖さを持っていたのは、やはり、ブルーザー・ブロディだと思うんです。暴力的でしたが、インテリジェンス溢れる凄いプロレスラーでした。でも僕は、ブロディの初来日というのを、あまり覚えていないんです。

そう、最初の頃はそれほどでもなかったんですよ。

――全日本プロレスに上がって、みるみるオーラを身につけ頭角を現したということですね？

そうです。でも、あのブロディを好きに出来るのは馬場さんくらいのものでしょうね。一度、全日本を飛び出したじゃないですか？

――はい、新日本のリングに上がりました。

私は彼が出て行った時に、「ブロディは馬場さんしか手なづけられないですよ。すぐにダメになって戻って来ますから」と言っていたんですね。

――その通りになりましたね？

みんな隣の芝生が――隣のリングがとてもよく見えるんだろうなって。でも、彼はそれで辛抱できる人じゃなかった。で、すぐにUターンをして来ましたからね。

――はい、一緒に出て行ったジミー・スヌーカーと共に戻ってきましたね？

駅から、「ハロー」って電話をかけて来たのね（笑）。で、「どうしたの？」と聞いたら、「もう、あんなところには行きたくない」と言ってた。でも馬場さんはね、「新日本との契約があるんだろう？　だったら一回帰れ。契約問題がクリアになったら、新たに呼ぶから」って。

――元子さんが、ブロディは馬場さんにしか扱えないと思われた理由は何ですか？

彼の気持ちは誰にもわからないし、読めないんです。〝ムーディー〟と呼ばれるくらい、その日その日で変わる人だから。そういう難しい人を新日本さんが思うようには使えないだろうなって。頭ごなしに言うとダメだし、だからと言って下手に出てはダメだし…。

――馬場さんはどんな風にブロディと接し、そして操縦されたんでしょうか？

相手の言うことはちゃんと聞いてあげるし、でも、自分の意見もちゃんと伝えるんですね。

――つまり、話のキャッチボールが出来たということですね？

だから、何を考えているんだ？　ってことを聞く。そこで、どうして欲しいのかとか、とにかくいろんなことを聞いた上で、「…なるほど。俺はこう思う。だから、俺にまかせろ。心配するな」と言う。この、馬場さんの、〝心配するな〟という言葉を外国人はみんなかけて欲しいわけですよ。

——例の、〝ドント・ウォーリー〟ですね？

馬場さんの、「俺にまかせておけ」って言葉を聞きたいばっかりに、みんな、時々悪さをしたりしていたんですよ（苦笑）…だけどね、すべての人にそれを言うかと言ったらそうじゃないのね。

——やはり、これぞと思った人にということだったんでしょうね。しかし、ブロディは昭和63年7月16日にプエルトリコでレスラー兼ブッカーのホセ・ゴンザレスに刺され42歳という若さで亡くなってしまいます。これには馬場さんも元子さんも随分ショックを受けたでしょうね？

……プエルトリコの後に日本に来ると決まっていたんです。しかもその時、後楽園ホールでトークショーをやる予定でした。私が後楽園で彼のトークショーをやりたいと馬場さんに言ったんですよ。そしたら、「彼のＯＫはもらったのか？」「いや、まず、馬場さんにＯＫをもらってから」って。そしたら、「彼がＯＫだと言ったら、俺はＯＫ

だ。でも、交渉は自分でしろ」って(苦笑)。で、ブロディに電話をかけて、「…私、トークショーをしたいんだけど、出てくれませんか?」「何の話をするんだ?」「あなたの好きなことなら何でも…」「誰と?」「あなたの話しやすい人を用意するから」「…OK」「ちょっと待って。馬場さんにそのOKを直接言ってくれないと、私はその仕事に着手出来ないの」って馬場さんに電話を変わってもらったんです。で、「本当にいいのか?」と聞いてくださった。それがブロディとの最後の会話でした。

――そうだったんですか…元子さんは何でブロディのトークショーをやろうと思ったんですか?

彼の考え方や言ってることは凄く難しいんですよ。何を言っているのかさっぱりわからない時がある。でも、多分、後楽園ホールに来られる(プロレス通の)人達なら、彼の話が理解できるんじゃないかと思ったんです。まず、何かを発信するなら、後楽園ホールからっていうのが私達のやり方でしたからね。

――ブロディのインタビューは常に独自の哲学に満ち溢れていました。「猪木、天龍もいいファイターだが、本当の実力者はジャンボだ。戦った俺が言っているんだから間違いない」という部分は、かねてよりジャンボの過小評価ぶりが辛かった全日本ファンにとってとても嬉しい発言でした。

…彼は凄く難しい人なんですよ。〝ひねくれ者〟とも言われていたし、だからみんな手に負えなかった。

――そんな人にわざわざトークショーを依頼するんですから元子さんもつくづく（苦笑）…しかし、残念ながらそのトークショーが実現されることはありませんでした…。

実は彼は、その依頼がとても嬉しかったみたいなんです。ワイフに、「ミセス馬場から電話をもらったんだ。ミスター馬場とも話をした。俺のトークショーがあるんだ…」と言ってたって……。

――誰もそんなこと、怖くて思いつかないですよねぇ（苦笑）…。

でも、そこは馬場さんと彼との信頼関係をちょっとだけ利用させてもらおうっていうね（笑）。

――こんなことを言ったら失礼ですが、ほんの少し、新日本に行ってみて良かったんですね？

彼にとって、そこがどんなところなのかがわかっただけでもね。

――新日本という水が合うレスラーもいるでしょうし、でも、ブロディにとって全日本という団体が一番フィットしたということだったんですね？

まぁ、実際帰ってきたんですから、そういうことでしょうね。彼においしいことだけを言ってもダメなのね。心から話をしないとダメなんですよ。

――ああ、最も大事なことですね？

上辺だけの話をしても彼には通じないんです。

――ちゃんと本心を読まれてしまうんですね？

だって、彼達はお金を稼ぐ為に日本に来ているんですから。

――確かに。で、次にお聞きしたいのは、逆のパターンで新日本から全日本にやって来たスタン・ハンセンのことです。全日本プロレスに於ける外国人レスラー最大の功労者。当時、新日本のブッチャーらの引き抜きに端を発した、いわゆる企業戦争は、遂には当時、新日本の外国人エースだったスタン・ハンセンを抜き返すという馬場さんの怖さを証明した形となりました。しかも、移籍をアピールする乱入劇や、昭和57年2月4日、馬場さんとハンセンの一騎打ちは、ジャイアント馬場というプロレスラーが、まさに水を得た魚のごとく暴れ回る姿――現役を再び大きくアピールした試合でしたね？

東京体育館ですね？　思い出すのは…「取られたら取り返す」っていうのを実践しましたよね。あの時、本当に馬場さんって凄いんだなぁって思い知らされました。

――取り返したのがスタン・ハンセンですからね？

私も交渉について行ったんですけど、馬場さんが「ハロー」と言って、もう、それで決まりでした（笑）。

――えっ？　そんな感じだったですか？

そう、彼との間はね。

――元子さんはハンセンのことをどう思っていたんですか？

彼を最初に見たのはアマリロです。ジャンボと彼が一緒にツアーをしていた頃に会っていますね。最初、随分歳を取っているのかなぁと思ったんですよ。

――ああ、ブロンドですからね？

ブロンドってこともあるんでしょうけど、そんなに若さを感じなかったんです。ジャンボやテリー達と同じ年代でしょう？　何となく、「えっ？　同じ年代なの？」という、そんな印象なんですね。彼は最初ウチに来て、それから新日本さんに行って、そこから帰って来たんですね。

――初来日の印象はブロディと一緒でほとんどないんです。のちのち、〝不沈艦〟〝ブレーキの壊れたダンプカー〟と言われるほどの凄いプロレスラーに成長しましたからね？

ウチの後にニューヨークで試合をするようになり、そこから新日本に行った。（ウエスタン・)ラリアットが彼の凄いウリになっていましたね。でもね、当時私は新日本さんのテレビを見たことがなかったんですよ。

――でも、最新のニュースは入ってきてはいたんですよね?

耳には入ってきてはいましたけど、素通りしちゃっていました(笑)。

――新日本でハンセンがどういう位置づけの選手だったのかを知らなかったという(笑)?

そう、詳しくは知らなかったんですよ。

――仕掛けられた引き抜きでしたが、馬場さんがラッキーだったのは、あそこでスタン・ハンセンを引き当てたことだと僕は思いますが?

新日本という会社がどういう人と合うか、合わないかってことだと思いますね。そしてその時、誰を取れば一番ダメージを受けるか? ってこと。それはまさに企業戦争ですね。そうなってくると、私の頭の中はくるくる回るんですよ(笑)。

――向こうの外国人の超エースですからね? 新日本はダメージの大きさに参ったのか、「引き抜きをやめませんか?」という申し入れがあり、それで協定が出来たと聞いています。

でも、馬場さんはその話し合いを(当時新日本プロレスの社長だった)坂口(征二)さんとしかやりませんでした。

――猪木さんとはやらないという?

坂口さんが社長ならっていうことですよね。

――本当に約束を守ってくれる人となら協定も作れるだろうと?

そうですね、新日本さんのすべての人と合わなかったわけじゃない。ただ、新日本さんは必死で企業戦争をやろうやろうと馬場さんをいつも攻撃していました。攻撃相手としては一番いいわけですよ。名前も一番大きいですからね。会社もそんなにいっぱいあったわけじゃない。馬場さんを攻撃すれば新聞はそれを書いてくれる。でも、それに乗っちゃうと同じになるでしょう?

――ファンはそれが最初はもどかしかったんですが、途中から、「何だ、そういうことなのか(＝当時はテレビ局との契約があり、交流は不可能だった)」ってみんなわかっていましたからね。

そう、でもね、ファンの人はやり合って欲しかったんですよね?

――本音を言えばそうです(笑)。

でもね、馬場さんが何か言えば数倍になって返ってくる。そういうことはやりたくなかったんです。

――のちにわかったことですが、格闘技ブームの原点となるUWF（ユニバーサル・レスリング・フェデレーション）の旗揚げ時の外国人レスラー招へいをサポートしたのは馬場さんでしたし、新日本プロレス所属だったら長州力率いる維新軍団13人を全日本プロレスに迎え入れるなど、80年代中頃の馬場さんのプロデューサーとしての手腕はお見事でしたね？

ある意味の活性化ですよね。それには人の力も借りなければいけない。でも、自分達ではやらなければいけない時にはそうしていましたね。でも、馬場さんを裏切った時のしっぺ返しは、さっきの引き抜き合戦じゃないですが、もの凄いものがありました。でもね、それはやってもいいと思っていましたよ。やられっ放しっていうのはファンにとっても面白くないですからね。SWS（＝平成2年、メガネスーパーがスポンサーとなり、全日本プロレスに所属していた天龍源一郎ら、各プロレス団体から選手を引き抜く形で造られたプロレス団体）が出来た時はね、もう、笑っちゃったというのか、「馬場さん、お金がないなら仕方がないですよ。だからまた、みんなでイチから一生懸命頑張って、それで儲けて、みんなでそのお金を分けましょうよ。ひとりの人がいっぱいはもらえないかもしれないけれど…」なんて話をしていたんです。でもね、働かないでもらったお金は、そんなに重みがないと思ったのも確かです。でも、レスラーを一般の方がコントロールできるかと言ったら、できないんですよ…。

――メガネスーパーの社長さんもプロレスはお好きだったんでしょうけど…。

…ただ好きで、そういう団体を持ちたい。だから、選手を他から引き抜けばいいという考えでは…私がこの団体は長くないと思ったのは、そこですね。引き抜いた4月あたりから、旗揚げが9月という長い準備期間は全日本に立ち直るチャンスをくれたと思いましたね。だからみんなが元気を出してやって、それでファンさえ向こうに行かなければ大丈夫だと…。馬場さんが言われたように、「スポンサーはいない。ファンがスポンサーなんだ」ってこと。ファン＝スポンサーを大事にしてやって行けば絶対に立ち直れると思っていました。だけど中には羨ましいと思う人もいたでしょうね。

――あの時の天龍選手というのは、長州力率いる維新軍団に噛みつき、そして彼らが全日本を去った後に、今度はジャンボ鶴田の目を覚まさせるんだと言っては噛みつき、その過激さを伴うファイトでファンの支持を集め、当時、最もお客さんの呼べるプロレスラーとして光り輝いていました。まさに旬の時のSWSの引き抜き――イチから育て上げた馬場さんにとって辛い出来事でしたよね？

…でもね、プロレスってひとりでは出来ないんですよ。

――確かに至言ですね。長州さんや鶴田さんがいたから輝くんですね？　確かに

ＳＷＳには天龍さんと並ぶ好敵手がいませんでした。というより、お金でみんな釣られちゃったから…でも、それが私は悪いとは思わないんです。

――そう、プロですからね？

プロフェッショナルというのは、今まで蓄積したものをお金に換えて何が悪い？ってことですからね。でもね、ライバルがいないと絶対にレスラーは輝かないんです。

――天龍さんにとって、動くタイミングだったのかもしれないですね？

最後のチャンスだと思われたのかもしれないですね。

――にわか団体を作るにしろ、時間はかかりますよね？

そう、準備がかかり過ぎましたね。しかも、次々と…誰が抜ける、引っ張られるというのを私達はわかっていましたから。

――本当ですか？　どういうところからそれがわかるんですか？

それがわかるものなんですよ。でも、「ああ、この人はこのシリーズで辞めるな」と思っていると確かに辞めていました。オフィスの人達はみんな地団駄を踏んで、「何で止めないんだ？」って言う。「止める必要はない。行く人を止めたって仕方がない」っていうような会話が続いていました。

——「行く人を止めても…」は馬場さんの根本的な考えですね？

それは私もそうですね。でもね、SWSのことは馬場さんに爪の先ほども言わなかった。だって馬場さんはそのことに対して悶々とされていましたからね。

——気持ち的には相当滅入っていたわけですよね？

ある意味、馬場さんにとって一番悔しいことですからね。

——すべて育て上げた選手ですからね。それをお金で…。

でも……これだけのことをやれば………決して私達の負けじゃないと思った。今度は、やられたらやり返すっていうんじゃなくて、違うものを使って行こうよという。それで一生懸命考えて……。

——その後〝四天王プロレス〟と言われるに至る4人にはSWSからはオファーはなかったんですか？

……あったでしょうねぇ……本当のところはわかりませんけど、ないことはないと思いますね。

——でも、とどまったんですね。馬場さんを滅入らせたあのピンチから、四天王プロレスという黄金期が全日本プロレスに訪れるとは馬場さんも元子さんも思っておられなかったんじゃないでしょうか？

…でもね、思っていないということはないですね。だって、上の人がいなくなったら下の人に光が当たるわけじゃないですか？　その人達が頑張ってくれれば、またそこから一歩一歩上がって行ける。彼らには本当の実力があったんですからね。

――馬場さんが選手を丁寧に育てていました。彼らは年齢的にもちょうど華開きそうな時でしたね？

もう、脂が乗って、とてもいい、何でもやれる時期でした。そういうピンチによって若い人達に光が当たるんだから、この人達を育てるしかなかったということですね。

――そういう自覚は馬場さんも元子さんにもあったんですね？

そう、それはそういう状況になってから。残された者で何がやれるかでしたよね。

――当時その4人を海辺に連れて行き、馬場さんが真ん中で共にトレーニングをしている写真が雑誌に掲載されました。馬場さんは自覚的だったでしょうね？

その4人は本当に馬場さんがイチから育てた人達でしょう？　…ひとりだけお相撲出身でしたけど。

――そう、田上さんですね？

後の3人はこの世界しか知らないわけじゃないですか？　馬場さんの世界しか知らないわけです。そうするとやっぱり、「馬場さんに付いて行こう」と思うしかないですよね。でもね、電話攻撃が凄かった。

——何ですか、電話攻撃って？

あそこに引き抜きの電話が入ったとか、もう、そんなニュースがどんどん入ってきて。でももう、そんなことはみんな忘れて、新しいことをやる方が早いなと私は思っていましたね。

——その後、鶴田さんが4人の大きな壁になっていましたが、鶴田さんにもSWSからのオファーはあったんでしょうか？

ジャンボはどうかなぁ……。

——絶対的なエースには触手を示さなかったんですかね？

それはわかりませんけどね。ジャンボってそういう人じゃないもの。ジャンボは、馬場さんの言葉を聞いていれば、それでいいという人でしたからね。

——鶴田さんと共に外国人レスラーも壁になり四天王を育て上げました。大変な思いをされたでしょうけれど、いい具合に歯車がハマり、ピンチをチャンスに変えられましたね？

だからね、何でもダメだからと言って放っておけば本当にダメになる。ダメだけど、やらなきゃいけないのなら、その時点でのみんなの最高の力を結集し最高のことをやれば何とかなるっていうのが大事なんですよね。

――その頃から全日本を観に行くと、「馬場さん、ありがとう」とみんなが言い出しましたね？

そうなんですよ、「僕達の期待に応えてくれるのが馬場さんだ」っていう形が出来たんでしょうね。ファンから試合カード募集をするとか、とにかくいろんなことをやりました。でも、馬場さんはそれを見ては、「…このカードはキツいなぁ」と言うこともありました。でも、「だから面白いんじゃないですか？」って周りから言ったりしてね。そういう、馬場さんに嫌なことを言うのも私の役目でした。

――それはシンドいですね？

でもね、それをシンドいなんて思ったことはないですね。機嫌の良さそうな時を見計らって、「馬場さん、話があります」って。で、馬場さんは椅子に座っていて、私はその前でちゃんと正座をして話すんです。こりゃまた嫌な話を持ってきたなって顔をしつつも、「いい話か（笑）？」って。私は、「ええ。とってもいい話ですよ（笑）」と言って話すんです。

――こういうカードが欲しいんですが、という？

「ファンがこういうカードを望んでいるんですけど…馬場さん、どんなものでしょうか?」と言ったら、「…これは出来ないだろう」って…。

――そう言われるカードとは、どういうものですか?

もう、素人さんが考えるカードだから、めちゃくちゃなんですよ(苦笑)。

――メインイベンターと新人の試合みたいなことですね?

メインイベンターがその日の試合を締めるというのがまずあり、最後の三つ目くらいからどんどんそこに向かって、熱くなって行けばいいというのが馬場さんのポリシーでしたから。それはやっぱり変えられないですものね。

――でも、その頃から本当にチケットが買いにくくなったんです。後楽園ホールや日本武道館が連続ソールドアウト…地方にいる者にとって東京で全日本プロレスを観戦するのは非常に難しくなりました。

そう、何度もね。百何回もソールドアウトを続けました。営業さんはどうあれ、早く売れれば嬉しいわけですよ。「でもね、そうじゃないでしょ? レスラーがチケットを頼まれることだってあるんだから。ある程度はキープしてあげないとレスラーの立ち場がありません」と私は言っていました。私は自分で後楽園ホールの席をいつも12席、会社から買っていたくらいです。

――自分の会社なのにですか?

お金はちゃんと払っていました。南のFの真ん中12席をね(笑)。馬場さんのお知り合いが、どうしてもと言われたりする時にそれを使っていましたね。

——しかし、ソールドアウトの連続記録は凄かったですね？

8年間くらい、ずーっとでした。その、連続記録の数字が入ったバッヂを作っていたんですが、これ以上やると嫌味になるからって途中からやめましたけれどね(笑)。

——しかし、ピンチはあったものの、馬場さんは、イチから育て上げた選手が活躍し連続ソールドアウト興行が続いたことに随分満足されていたでしょうね？

馬場さんは後楽園で始まり、武道館で終わるというのをシリーズのひとつの形と考えていました。終わった後に楽しいのは、やはりソールドアウトだったという満足感です。だから私はまず、馬場さんを悲しませちゃいけないと考えるんですよ。つまり、少なくとも後楽園と武道館はソールドアウトにする。それには一生懸命切符売りをしなくちゃいけない。で、切符を売れるようにするには何をしなきゃいけないかってこと。つまり、「いいカードをください」って馬場さんのところに頼みに行くことなんですね。

——その辺の歯車が合ったんですね？　いろんなカードにＯＫを出してくれたんですね？

あのね、「ファンが望んでいます」と言ったら、「それは誰だって何でも望むよ（笑）…望み通り出来ないのが世の中だ」と言っていましたけれどね（笑）。

——その時に、〝明るく、楽しく、激しい〟という言葉が光り輝きましたが、あれはどなたが考えられたキャッチフレーズだったのでしょうか？

馬場さんですよ。

——どんなことがきっかけだったのでしょうか？

いや、それはわかりません。確か、馬場さんが何かの取材で発言された言葉だったと思いますが、それを私は、確か、日刊スポーツの方から聞いて、簡単だから覚えなきゃと思った記憶がありますね。

——自身の団体、その商品価値を誰よりもわかっていたということですね？

そういう意味では本当に凄いと思いますね。

——格闘技ブームに対しても堂々としておられましたね？

「格闘技とプロレスは違う。一番強いのがプロレスラーなんだ」という信念を持っていました。

——そこに揺るぎはなかったという？ …亡くなられるまで、お客さんが減ったとか、プロレス人気に陰りが出て来たとか、そういう寂しい思いは一切していなかったように思いますが？
そうですね。だから、今みたいな状況だと凄く悲しむと思いますね。そんな悲しい思いをして、しかも自分で調整出来なくなったとしたら、もっと悲しいじゃないですか？　テレビ局も放送を降りちゃったりしてね。そうすると、いい時に辞められたなって私は思うんです。

――……お聞き辛いことをお聞きするんですが、馬場さんがイチから育て上げた、ノアの三沢（光晴）さんがリングの上（平成21年6月13日・広島県立総合体育館）で亡くなられたこと……随分驚かれたと思うんですが？

……………三沢くんが亡くなったこと？　以前から身体の調子がとても悪いというのは聞いていました。

――随分太られていましたから…。

そう…だから私はね、もう、いい加減休むなりしないと、もっと痩せないと…とは言っていたんです。

――今までの三沢さんではないというのを感じ取っていたんですか？

というかね、私は最近の試合を見たことはないんです。ただ、テレビをガチャガチャ回していたら、「えっ？　これは誰？」って…そんな感じの三沢くんを見たんですよ。

それで、とある人に、「あれ、三沢くんなんでしょ？　顔も、何もかも、むくんでいるよね？」と言っていたの。そしたら、「太ったんです。しかも首が相当悪いんです…」「そんな状態なら歩けないんじゃないの？」って話になっていましたからね。

――社長業も含めて随分御苦労されていたんでしょうね？

…そう思いますよ。あれだけの人数を連れて行ったけれど、馬場さんの時とは全然違うテレビ局からのギャラじゃあ経営はやって行けない。これを言っちゃ悪いけれど、「自分達にも出来るんじゃないか？　外国人を呼んでリングで試合をすればいいんだろう？」っていう安易さが凄くあったと思います。実際にはそうじゃないもの…。

――全日本プロレスを立ち上げた時は、用意周到の馬場さんだから出来た船出という感じでしたが、今は時代も何もかも違いますからね？

時代も違うし、馬場さんは自分で種を撒いたのがいい具合に育ったわけでしょ？　彼達はアメリカで種を蒔いていないんです。馬場さんが作り、出来上がったものを引っこ抜いて持って行っちゃった。それで団体をやったわけでしょう？　それはちょっと違うんじゃないかと思いましたけれどね。

――僕にとって、三沢さんの死はあまりにも衝撃が大きすぎました…そこでプロレスファンをやめてしまったような感じになっています……そういう人は多いと思います。

……どんな商売でも仕事でもイージーに考えちゃいけないんです。それにはそれなりの覚悟がいるんです。当時私達が毎日笑っていたかと言ったら、実はそうじゃなかったんですよ。

――確かに、いろんなことがありましたものね？

でもそれは外に出しちゃいけないこと。馬場さんだって時々…最初の頃、会社のお金がショートすると、ちょっと貸してくれよなと言われて…。

――そんなことがあったんですか？

…ありましたね。馬場さんのギャラがないなんてこともありましたからね(苦笑)…。

――そんなこと、選手やマスコミは知らないですものね？

でもね、そんなことは言うべきじゃないんです。それを今の人達はお金欲しさにいろんなリングに上がってプロレス界をめちゃくちゃにしちゃった。苦しい時だって我慢してリングに堂々と上がる。どんなに心が傷ついていても、顔は笑ってなきゃいけないんです。

――馬場さんはそんな時でも威風堂々としていましたね？

そうですねぇ…よく、冗談交じりに、「ちょっとちょっと、かあちゃん。ウチ、お金あるか（笑）？」「ないない（笑）」「そう言わずに貸してくれよ（笑）」って話し合いながらやっていましたよ…。

――（笑）そうやって乗り切って来たんですね？

本当にそうなんです。

――今も新日本、ノア、そして全日本が俗に言うメジャー団体です。しかも数限りない小さな団体がいくつも存在します。本当にわけがわからないほど数多くのレスラーや団体が交錯している…でも、その数に反してプロレス界は本当に縮小してしまいました。そう考えると、つくづく馬場さんや猪木さんは凄かったんだと痛感させられます。

私だってそう思いますよ。馬場さんと私の全日本プロレスは30周年で終わっているんです。その後は違う全日本プロレスです。馬場さんの財産を大事にしていない会社ですよ。

――馬場さんの十三回忌という節目を目前に控え、元子さんは今のプロレス界、プロレスラーに言いたいことはありませんか？

何もありません。

――まったくないですか？

まったくないです。

――興味がないですか？

…興味がないというより、もう、私にとっては終わった世界なんですよ。馬場さんと一緒にね。

――終わったんですか？

終わりました。

――ファンに対してはどうですか？

…ファンの人だって………ファンの人にも自由があって……何とも言いようがないですけれども、もうね、「昔は楽しかったね」ってことしか私は言えない………。

――本音を言わせて頂ければ、純粋にプロレスが好きなプロレスファンの行き処がないんです…。

うーん……でもね、それは多分、プロレス界だけじゃないと思います。

――勿論、出版界もそうだし、いろんなところが不況で大変です。

そう、すべて世の中がそうなってきていて…ファンのみなさんも一緒にひとつずつ歳をとるわけでしょう？　私もみんなもね。そうするとやっぱり、それぞれの自分の世界は違ってくると思うんです。昔とは違って出来ないことがいっぱいあるんです。出来ないことはやらない方がいいし、やっても仕方がない。もう、元には戻らないの……。

――ノアには今も馬場さんのお弟子さんがたくさんいます…頑張って欲しいとは思いませんか？

……思わないですね。だって、ノアがいいと思って行っちゃったわけでしょう？……だからちゃんとノアでいい仕事をして……でもね、馬場さんのところに来ちゃいけないとか、そういうことは言ってないんです。そういうこととはまた違うんですからね。ただ、わけもわからず連れて行かれた子達もいますからね。そういう子達とも今もお付き合いはしているけれど……。私が、その人達と付き合ってはいけないということはないでしょう？

――そう思います。ファンも若いレスラーも頼るべき人が本当にいないんじゃないかと…。

…自分が困ると、馬場さんに手を合わせに来たいって言う。でも、それなら自分の心の中で手を合わせてくれればいいと私は思います。馬場さんをずっと思い続けてくれればいい。でも、その思いが切れちゃったから、いろんな行動をしたわけでしょう？……でも、自分達が苦しい時だけ……苦しければ苦しいだけの思いで、「馬場さん何とか助けてください」と素直に言えば、馬場さんもそれを聞かれると思うんですよ。

でもね、表面だけじゃあ……それは違うものね。あのね、「もう、放っとけ、放っとけ」って馬場さんは言っておられると思いますよ。

――そんな感じがしますか？

……でもね、私にはどうすることもできないの……。

――我がままな発言だと承知の上なんですが、僕はノアがその後の全日本プロレスだと思って試合を観ていました。ただ、僕は三沢さんの死で、その思いもプロレスに対する興味も失いました。まさに、終わった、という個人的な感慨しか残っていないという事実があります…。

でもね、それはいろいろなことがあって……三沢くんひとりが悪いわけじゃないと思う。そういう行動を取ったというのが……ある程度は私にはわかっていました。みんなを連れて行くというのもね。だったら、全員を連れて行って欲しかったという気持ちがありましたね。

――レスラーも会社のスタッフもすべてですね？

それならそれでいいと思った。別に、全日本プロレスという名前を変えないで、そのまま引き継いでくれてもいい――それを嫌だと言った覚えはありません。ただ、馬場さんが亡くなってから1ケ月。2月に役員が来て、「馬場さんのものをください。株をください」って…私にそんなことを考えられるような余裕はなかったんです……。

――まだ、そんな心境には到底なれなかったんですね？

そっちの方には神経が行ってないもの…。

――2～3年あったら元子さんの答えも違っていたでしょうね？

違うと思います。1年で充分でした。一周忌の時にはまだみんながいて、3回忌の時にはいなかった…。何しろ、株をよこせっていう。株だけで会社を経営出来るわけじゃないでしょう？　会社経営と株っていうのは別ものじゃないですか？

――要するに権利というものが欲しかったんでしょうね？

それでね、2月の時に私はこうも言われたのね。「元子さんが今はまだ元気だけれど、元子さんが亡くなった後に残された俺達はどうしたらいいんですか？」って。私に面と向かってそう言った人がいるの。

――それはまた随分凄い話ですねぇ。

さすがにそれは周りの人が止めましたけど、「ああ、これはもう…新団体作りの準備をしているんだな」ってピンと来ていました。株の譲渡の話だけが頻繁に出て…馬場さんはオーナー社長だったから、「会社を経営させてくれと言うならば、もう、三沢くんがやっているでしょ？　どうぞ。それで終わりじゃないの？」って感じだったんです。

——いずれにしろ時間だったんですね？

私には時間をもらえなかったという気持ちが残っています。馬場さんのものは今でもまだ誰にもあげてはいないけれど、その時、何ひとつ、誰にもあげる気はないと言った…。

——はい、以前もそうお聞きしています。

「馬場さんのポッケから出たゴミだってあげない」と言ってその時怒ったのはね、「元子さんが亡くなったら…」と言われたからなんですよ。ノアを作るのを後押ししたのはね、テレビ局やプロデューサーがやっていたこと——「独立しろ、独立しろ」と言われて準備が始まったんだなって。いずれにしろ、もう、三沢くんはいないけれど、おそらく今もテレビ局の人がノアには絡んでいると思いますね。

——プロレス界は今、スター不在です。団体も勢いがありません。どうしたらいいでしょうか？

…それを自分達で考えればいいんです。上辺のことだけを考えるんじゃなくてね。経営ということからすべて考えてやらなければダメですね。

——そういう方が何処の団体にもおられないんですね？

そう、経営者がいません。そして、花形レスラーがいない。ないない尽くしで立ち直れるわけがないと思います。言葉はキツいかもしれないけれど、まず、本物の経営者に代わってもらうとか、あるいは今からでもスターを作るとかね。そういうのを誰もやらないじゃないですか？　それがよくないんです。

——それが業界に携わる方々へのメッセージと捉えていいですか？

……別に構いません。私はいつもそう思っています。馬場さんだって最初から経営がわかっていたわけじゃない。でも、自分で勉強したんです。一流の方とお話をして、「ああ、こういうことか」って学んだ。ルーツがジャイアンツだったのは大きいと思います。一流は凄いし強いってことをわかっていました。だから馬場さんは日本の経済界のトップの方々ともお話をしておられたんです。そういう財産を持っている人は、もう、プロレス界にはいないと思うんですね。

——普通のプロレスラーは、そういうところには行けないし、行かないですよね？

私もそういう場には随分ついて行った記憶がありますからね。

——馬場さんはそうそうたる人達とお会いしていたんですね？　そして、動じなかったんですね？

実は、馬場さんは凄く礼儀正しかったんですよ。でも、私がいつも一緒にいたから冷や冷やものだったとは思いますよ(笑)。

――(笑)元子さんが何かを言うんじゃないかと?

そう、私は好き勝手を言いますからね(笑)。

――(笑)あっはははは。しかし、これだけ馬場さんのお話をお聞きしていると、なおさらなんですが、本当に馬場さんに逢いたくなります…会場のグッズ売り場で座られている姿をひと目見るだけでもいい…。

……もう、あんなところに馬場さんは座りません。今、あの場所に戻すっていうのは気の毒ですよ。私達が満員と言うのと、今、後楽園ホールが満員と言うのとでは、数が違うのね。

――ぎっしりとお客さんが入った、まさに蟻一匹入れないような感じの満員ですね?

そう、勿論、二階のところまで、ぎっしり満員で人が溢れているのが私達の満員ですよ。後ろの席が少し空いちゃっているのを満員なんて言っちゃいけません。

――十三回忌を目前に控え、今、馬場さんに敢えておっしゃられたいこととは何ですか?

「ありがとう」だけですね。

――いちファンである僕も同じ、「ありがとう」です。

（笑）馬場さんと一緒にいたからこそ今も私が元気でいれるんです。感謝の気持ち――「ありがとう」しかないんですよね。

――元子さん、幸せですね？

本当に（笑）。私は馬場さんに……何も返せないけれど、馬場さんをずっと思い続けているということ、それを積み重ねて行くこと。それで馬場さんに何かを返して行けるんじゃないかと思うんですね。馬場さんと一緒にいて過ごした時間は、普通の人には考えられないような、凄い経験をさせて頂いたということ。そういう意味では凄く幸せだった。だから私が今から気をつけなければいけないのは、ちゃんと自分で自分をコントロールすること――食べすぎないようにする、とかね（苦笑）。

――（笑）幸せですね、本当に。

幸せよ、私（笑）。

――つくづく…馬場さんと一度くらいお話がしたかったです…。

あ、そうだったの？　私は今でも毎日していますよ（笑）。

――いや、そんな機会があったとしても、緊張して話せませんでしたから（苦笑）…。

今も時々ね、有名人というのか、名前のある方が、馬場さんがああだったこうだったと言われるんですけど、私はそんな馬場さんを知らないことが多いんです。で、「ネェ、馬場さん。そんな話、御存知ですか？」ってお聞きするとね、「そんなの知らん」と言っていますからね（笑）。

――（笑）あははは…逸話は多いでしょうからね？

私達は名前を覚えるのが苦手なんです。有名な方でもその方が誰かはわからない。記者の方とかだったら名前を覚えるんだけど……いつだったか、「水戸黄門」役の東野英治郎さんに六本木ですれ違ったんです。で、「馬場さん、お元気ですか？」って声を掛けてくださった。そしたら、「はい、元気です‼」って直立不動で最敬礼をされておられた（笑）…私には普通のおじいさんでしたけれどね。

――いやいや、馬場さんにしてみたら、大好きな水戸黄門様＝水戸光圀公ですからね？

まさに、東野英治郎さんは黄門様ですよね。それまで私達は道いっぱいに歩いていたのに、「こちらにどうぞ」ってよけて道を大きく開けました。あの時の馬場さん、面白かったわ（笑）。

KINGS ROAD

［第六章］

十三回忌後

Interview Data

2012年6月15日
（ウェスティンホテル東京）

十三回忌を目前に控えて襲った大病

つながった命の意味

十三回忌

3.11 日本を襲った東日本大震災

阪神淡路大震災と馬場さん

今こそ必要な馬場さんという存在

――この本は当初、馬場さんの十三回忌に併せ発行させて頂く予定で準備を進めていました。最初の校正原稿をお出しし、その後、幾度となくお電話を入れたのですが、何故か元子さんとコンタクトが全く取れなくなってしまいました。ひょっとして、何か怒らせるようなことをしてしまったのかなぁとか、いろいろ考えつつ、相当困り果てていました(苦笑)…。

(苦笑)はい、そうでしたね。

――実はその頃、元子さんを病魔が襲っていました。突然のことだったんですか?

そう、突然でした。姪とか周りのみんなが、今度手伝いますよと言ってくれていたのを無視して、ある日の夜中に、よいしょ、よいしょってモノを移動していたの(笑)。

――何かを運んでいたんですね?

そう、部屋の片づけですね。しかもその日は結構重いものをひとりで動かしていて。疲れたらマッサージチェアで休み、しばらくして、また何だかんだと動き回っていたんです。ところが途中から顔が重く感じられて…あれ? 何かおかしいなって。それから凄く気分が悪くなったんです。でもまぁ、随分動いたからなぁって。で、喉が乾いたので水を飲んだんですよ。そしたら、口の左側から、だらだらとよだれみたいに水をこぼしてしまったんですよ。

――水がちゃんと飲めなかったんですね？

そう、飲めないから、あれ？　って洗面所の鏡を見に行ったら、「何、この顔？　これ、私じゃないな」って。顔の左側が落ちているというか、わかりやすく言うと顔が歪んでいたのね。それでも私に何が起こったのか全然気がついてない。で、（レフェリーの和田）京平くんに電話をかけ、「私、何か変なの…」と言ったんですが、後々聞くと、何を言っているのか、その言葉自体が彼には通じていなかったんです。「とにかく、動かないでじっとしていてください」と言われ、ほどなくして奥さんと2人で飛んできてくれたんです。私の顔を見た途端、私よりも2人の方が緊張しちゃって、「病院に行きましょう‼」って。そのまま車に乗って、家から2～3分のところの都立病院の救急に駆け込んだんです。そしたら看護師さんが「（焦った大きな声で）車椅子‼」って――私は、「何で？　ちゃんと歩けるのに」って思って…。

――まだ自力で歩けたんですね？

だって家の中を動き回っていたんですから。確かに自分でもおかしいなとは思ったんです。だけどまさか…意識は全然何ともなかったし、身体のどこにも痺れはなかったですから。病院に行った途端、「CTを撮ります」「えっ？　私、CTは嫌いなの。嫌だなぁ」なんて言って（苦笑）…自分に一体何が起こったんだろう？　とか、とにかくいろんなことを考えていたんですよ。

――で、CTを撮ったんですね？

そうなんです。実は京平くんの他に姪のところにも電話を入れたんだけど、留守で。だから留守電に、「何だかわからないけれど、私、変だ」って入れたんですよ。姪も子供と一緒にそれを聞いて、変どころか、やっぱり何を言っているのかさっぱりわからない。病院から京平くんが姪に連絡を取ってくれたんですよ、「元子さんが大変だから早く来て」って。私はCTを撮った後に、「脳内出血をしているから絶対安静ですよ」と言われ、広いICU（＝集中治療室）に入れられちゃったんです。何で私がこんなところにとは思ったけれど、大変なことになっているなんて思いませんでした。でも、周りのみんなが随分バタバタしているなぁって（苦笑）…。3日くらいはお水も飲んじゃいけなくて点滴だけ。実際は一週間か10日間くらいはICUに入っていましたね。「退屈だなぁ。こんなのがずーっとだったら困っちゃうなぁ」って。相変わらず自分がどういう状況に置かれているのかを把握できないままでした。

――つまり、脳内出血をしていても意識はしっかりしていたんですね？

そう、ICUに入っていても私自身は元気だと思い込んでいて。だって私はそれまで風邪ひとつひいたことがなかったですからね。3日に一回くらいはCTを撮って様子を見ていました。で、「カテーテルをしなきゃいけなかもしれないよ」「先生それ、痛いんですか？」「痛くはないけれど、慣れないと気持ちが悪いかもしれません」「気持ち悪いことなんてしたくないです」なんてことまで言って。私は病気に対して凄く無知なんですよ（笑）…まぁ、それくらい意識がはっきりしていたってことですよね。そしたら何もしない内に、本当はパンクしているもの（血管）が自然に塞がって、担当の先生もびっくりして。

——でも、あの時、京平さんに電話をしなければ、その後に倒れてそのまま…なんてこともあったわけですよね？

そうでしょうね。自分の顔を見てびっくりしてはいるものの、ろれつが回っていないなんて思ってなかったですからね。だから、京平くん夫婦が大変だって私のところに飛んで来てくれた意味がよくわかりますよ。

——以前のインタビューで、今、馬場さんが元子さんに対して思うことは何でしょうかとお聞きしたら、それはやっぱり身体のこと、健康管理のことでしょうねと元子さん自身話しておられましたよね？

でもね、健康管理はちゃんとしていたの。健康だったんだから、それを維持すればいいわけでしょう？　サプリメントもきちっと摂るし、お野菜も食べていたし、いろんなものをバランス良く摂取するように心がけ、自分なりにやっていたつもりでした。昔はジムやゴルフに行ったりしたけど、今はそういうことは一切していませんでした。ひとりになったからと言ってすべて自由気ままにやっていたわけじゃないんです。外へ出掛けたくない時は何があっても絶対出ない。家でじっとしているのは嫌いじゃないし、外に出ること自体とても好きだし、歩くこともとてもいいと思っています。ただ、こんなに空気の汚い東京の町を歩き廻ったら、反対に体に悪いなぁって（苦笑）。私はハワイに行くと、とにかく動き回るんです。楽しくて気分も変えられるし、自然に運動もするようになりますからね。馬場さんがあれだけ身体に気を使っていたのに健康を害してしまった…その、馬場さんのことでお医者様が大嫌いになっていましたから、病院なんかには絶対行かないぞと自分で決めていたところもありました。

――信用できないっていう？

そう、基本的にお医者様の言う通りにだけはしませんね。自分自身しか信用しない。そういう気持ちは凄く強かったです。「先生、この入院はいつまで続くんですか？」と聞いたら、「うまく行けば3週間くらい。でも、もしかしたら、お正月を病院で迎えるなんてこともあり得ますよ」と言われていたんです。それで3週間を計算したらちょうどクリスマスの日でした。それで私は、この病気を3週間で治すと自分に言い聞かせ、嫌な病院の食事もちゃんと食べたんです。姪なんかに、「家から何かを持ってきて頂戴」っていうようなことも一切言わなかったんです（笑）。

――医者の言うことは聞かないと言いながら、そこはちゃんと聞いたんですね（笑）？

（苦笑）いや、お医者様の言いつけを守ったということでもないの。今回の私の脳内出血の原因のひとつは、やはり血圧が高かったこと。まずは、お薬で血圧はすぐに下がったの。何で血圧が高かったかと言えば、その原因のひとつはやっぱり塩分。それで減塩の食事にしました。実際血圧もちゃんと言うことを聞いてくれたんですよ。病院での年越し、お正月をそこで過ごすなんてとても出来ない。何としても家に帰るんだという強い気持ち。その為にちゃんとリハビリをしなきゃって自ら嫌がらず努めたんですよ。

――退院したい一心で？

もう、それだけ。年を重ねた人っていうのはね、何もかもが、みんな嫌なものなのね。勿論、痛いことも嫌だし出来ないことはやらない。でも私は、出来ないから出来るようにリハビリをやるんでしょ？　と思ってやったんです。その切り替えは早かったですね。

――ウチの父もしょっちゅう病院に厄介になっていますけど、体温ひとつ計るのに苦労させられます。ホント、頑固で困ります（苦笑）。それは我がままだわねぇ（苦笑）…勿論、体温は病院では計りますけど、私も家では余程のことじゃないと計らないんですよね。この前もハワイでちょっと熱っぽいなぁと思って計ったら、38度6分（苦笑）。

――高いですよ（笑）。

（笑）そうよね。でも、熱が出たからって大騒ぎを私はしないの。何か、熱さまし的な貼るものがあったなぁって貼って外出するのをやめるくらいでね。

――当たり前ですよ（苦笑）。

（笑）無知って怖いけど、知りすぎるのもあまりいいことじゃないと思うのね。お医者様じゃないとダメなことはたくさんあって。でも、そのお医者様が私の言うこと、聞くことに耳を傾けてくださる方じゃないと難しいんですよ。「先生、指先が痺れています。足の感覚が鈍くなっています」と聞くと、「それは仕方ない。徐々に取れますから」「どうして取れないんですか？」「…年齢的なものも大きいですね」とかって答えひとつで片付けられちゃうことも多い。コンピュータと一緒で、そういう答えでひと括りにされちゃう。実際事実だから、もう、それ以上は質問できない。心の中では、「人間歳をとらなきゃどうなるんですか？」と言っていたんだけど、それを言っちゃおしまいだから（苦笑）。

——父もよくボヤいています（苦笑）。

そう、歳をとったらいけないのかってことですよ（苦笑）。

——でも、年寄りはどこか素直じゃないですからねぇ…いや、父のことですよ（笑）。

（笑）結局、「12月25日に退院してもいいですよ」と言われたんです。ひとりで、「ばんざーい‼」って喜んでいたら周りのみんなから随分睨まれちゃったんですけどね（笑）。

——ということは結局…。

そう、きっちり3週間。

——予定通りだったんですね。で、先生の最終的な診断は何だったんですか？

やっぱり血圧が高かったからでしょうね。血圧なんてあまり計ってなかったけど、でも、両親も高かったから仕方ないんです。塩味は好きだけれど、辛いものや塩分そのものが凄く好きというわけでもなくなっていました。かと言って薄味を好んでいたわけじゃない。まぁ、普通の人の味つけですよね。

——抑えてもいなかったという？

それまではどこも悪いと思ってなかったから抑える必要もないし、でも今、塩もお醤油もほとんど使わないですね。小さなお醤油の瓶の中身が何ケ月も持つくらいですよ。

――一応気をつけているんですね？

気をつけているんじゃなくて、二度やるのはバカだと思うからです（苦笑）。

――（笑）僕なんかは、喉元過ぎれば何とかで、日々の教訓にしないですからね。

それは若いから。若いから同じことを何度も繰り返す。いいことなら何度も繰り返していいけれど、いけないと言われることを繰り返すのはどうなんでしょうね。私は決して賢いとは思っていないけれど（笑）…バカにはなりたくない。わからないことはお医者様に聞く。一般の人の意見は聞かないですよ。それでも皆さんご親切にいろんなことを…。

――（笑）船頭がたくさん現れるんですね？

そう、いろんなことを教えてくださる。でも、その人その人でみんな違うわけじゃないですか？　それぞれこうしなさい、ああしなさいと言われても…。先生はそんなことおっしゃってないもの。「元子さんに教えたあれ、ちゃんと実践してる？」なんて言われ、「全然してない」なんて言って（苦笑）…随分皆さんムカッとされているみたいなんだけど（苦笑）。

――食事管理はしていたものの、健康管理を意識していたかというと…。

病気をする前？　やってないですね（苦笑）。ただ、この病気をしてからはちゃんとしています。お医者様のことは嫌いだけれど、ホームドクターは必要ですよね。馬場さんにはパートパートでドクターがついていました。だから、私のことをちゃんと見てくださる先生を探したかったの。それで、とあるクリニックに行ったら、それがとても優しい先生で。最初は元気がなくて、ぼーっとした感じで行ったんだけど、その先生と話している内に段々元気になってきたのね（笑）。

――いい先生だったんですね？

そう、お薬を頂かなくても、そのクリニックの先生の顔を見れば元気になるって感じでしたから、今でもそこに通っているんです。退院後の2月のある日、反対されるだろうと思いつつ恐る恐る、「どうしてもハワイに行きたいんですけど…」と聞いたんです。そしたら、「ああもう、行って気分を変えてらっしゃい。自分のやりたいことをやるのが一番。ハワイで元気になって戻ってきたらいいですよ」と言ってくださって。

――まったく反対されなかったんですね？

そう、全然反対されなかった。お薬をいっぱい持ってハワイに行きましたが、その時はさすがに送り迎えのお世話になりましたけれどね。

——大病を患いましたが、馬場さんの十三回忌を無事に開催することが出来ましたね？

そう、3週間で治したのは、何もお正月を家で迎えたいというのが主な目的じゃなかったんです。やはり、十三回忌を無事に終えないとどうしても…私の責任が果たせないなって。それで病気の前も後も、「十三回忌、十三回忌‼」ってずーっと自分に言い聞かせていたんです。本当はもっとたくさんの方に来て頂く予定だったんだけど…。

——私もお邪魔させて頂きましたが、それでも随分たくさんの方がいらっしゃいましたね？

入院する前、まず第一弾のご案内状を出したの。で、第二弾を出さなきゃと思って住所を調べたり用意してはいたんだけど、それが入院で出せなくなった。退院後に追加でいろんなことをしようと思っていたんですが、そういう余裕もなくなって…。「馬場さんごめんなさい。出来る範囲内でいいですよね」って感じの人数になったんです。でもね、反対にその時に思ったの。本当に馬場さんのことを思って来てくださる方ならば、馬場さん自身もそれが一番嬉しいだろうなって。十三回忌のことがあったから、何はともあれ早く退院したかった。だから多分、馬場さんも、「身体をちゃんと治さないと…まぁ、これくらいなら大丈夫か」って早めに病気を治してくださったんだろうなぁって（笑）。

――入院している時、馬場さんが夢に出てきたりしませんでしたか？

どうだったかしらねぇ（笑）…慣れないところで寝ていたし、やっぱり落ち着かない入院生活でした。イヤホーンで深夜ラジオを聴いたり、消灯と言われているのにテレビを見たりして（苦笑）。

――（苦笑）元子さんの著書『ネェ　ネェ　馬場さん』に、平成元年に子宮筋腫の手術を受けたと書かれています。ひょっとして今回元子さんが入院したのは、あの時以来の出来事でしょうか？

はい、そうなんです。

――約2週間の入院でした。あの時の馬場さんの献身的な日々のお見舞いは微笑ましいですね？

いやいや、微笑ましいなんてものじゃないですよ。だって巡業の真っ最中でしたからね。でも、馬場さんが可能な限り通えるところはみんな通いにしてお見舞いに来てくれましたね（笑）。

――前日関西で興行のはずが、何故か翌朝病院にやって来て、しかも…。

…そう、地下鉄に乗って来てくれたのね（笑）。

——そこが何か、微笑ましくていいなぁって（笑）。

朝は車だと道が混んでいて大変なんですよ。入院している病院が自宅から地下鉄で一本だったのね。乗っている方達の方がびっくりしていたみたいですね（笑）。

——（笑）そりゃそうでしょうね。通勤時間帯の地下鉄に馬場さんが乗っているんですから。

（笑）そう、しかもひとりでね。

——本当にお付きの人はいなかったんですか（笑）？

だって、みんなも試合がありますからね。それとね、馬場さんはそういう個人的なところに絶対人は連れて来ません。私も嫌がるだろうと思っただろうし。しかも、みんなに何も言ってないですからね。ただ、馬場さんが普段とは異なる行動を取っていたので、「変だ変だ」ってレスラーの人達は言ってたみたいなんですよ。

——巡業なのにどこに行っているのかわからない。しかも元子さんもいないという？

そうなんですよね（笑）。「いつもいる元子さんが、今日も試合会場に来ていない。馬場さんは試合が終わったらすぐに帰ってしまう…これは会社のことで何かあったな」ってみんな思っていたみたいです。

――それにしても、毎日のお見舞いは嬉しかったですね？

びっくりしましたよ。来たと思ったら、あっという間に帰っちゃうんですけどね。私が入院したのは個人病院だったんです。今はあまり見かけなくなったけど、昔は入院患者のお洗濯とか、身の周りのお世話をしてくださるおばさんがいて。馬場さんが持ってきたお花なんかもその方がすぐに生けてくれて。そのおばさんがね、「お見舞い客少ないですね」「誰にも言ってないんですよ」「ああ、病人さんにはそれが一番だわね」なんて気軽に話せる人で。で、馬場さんも帰る時必ず、「また来るからね。よろしく頼みますね」なんて声をそのおばさんにも掛けてくれて。そういうところ、馬場さんは本当に優しかったですね。

――いや、きっと、馬場さんが寂しかったんですよ（笑）。

（笑）寂しいというよりもね、大変なことになっちゃったなぁって馬場さんの方が慌てたんですよ。

――でも、ひとりで地下鉄に乗ってせっせと毎日お見舞いに来る馬場さんを想像すると…ホント、元子さんは幸せ者ですねぇ。

はい（笑）。退院の日は馬場さんが自分で車を運転してきてくれて。まっすぐ家に帰るのかと思ったら、違う道なんですよ。そしたらね、「キャピトル（東急）に寄りたいだろう?」って…そんなねぇ(苦笑)。

――(笑)馬場さんの精一杯の優しさじゃないですか?

そうなんだけど、それより早く家に帰りたかったんですよ(笑)。

――ホントはシンドかったんですか?

シンドくはないけれど、入院していたわけですから、やっぱりやつれていますよね(苦笑)。

――(笑)病み上がりですからね。

そう、元気がないし、前かがみで歩いているし、恰好がシャツとパンツ、そしてスニーカーでしたから。でもね、「そんなの大丈夫。お茶を飲んで帰ろうよ」って嬉しそうな顔で車を走らせていて(笑)。

――退院祝いですね(笑)?

そうですねぇ(笑)。

――それ以来のご入院でしたか…あの時のことを思い出しますね?

何たって前は個人の病院だったから、みんな気を使ってくださったけど、こんな大きな病院に来ちゃったら、私はひとりの患者としてしか扱ってもらえないでしょ?

それが普通なんだけど(苦笑)…病院と言えば馬場さんはいつもスペシャルだった

なぁって。でも、私の病気を知っていたのは京平くん夫婦と私の姪達だけ。後は一切誰にも言わなかった。その分、気が楽でしたけどね。

——打ち明けられたのは十三回忌の時の最初のご挨拶でした。僕も、そしてすべて招かれたお客様がその事実を知って驚愕しました。どうして隠していたんですか？

嫌だったの。やっぱりね、いつも元気な元子さんだったから（笑）…馬場さんが入院した時もみなさんにお知らせしなかったし、お見舞いもお断りしていましたから。馬場さん自身もお見舞いをとても嫌がったの。だから、「今、寝ていますから」とか、「この後すぐに先生の診察があるんです」と言ってお断りしていました。ホント、出来る限り、お見舞い客を少なくしたんですよ。病室で寝ているところに元気な人が来てくださるというのは…行く方も傷つけようと思っているわけじゃないんだろうけど、傷ついちゃうこともいっぱいありますからね。よほど気をつけないと…。

——「ちょっとやつれましたね。早く良くなってください…」なんて言われたらショックですものね？

そうなんです。馬場さんが、足を怪我（平成2年11月30日・北海道・帯広市総合体育館にてドリー・ファンク・ジュニア&テリー・ファンク・ジュニアとのタッグ戦で左大腿骨を亀裂骨折）して入院した時、やっぱり足が片方少し細くなっちゃったんですよ。とあるレスラーがお見舞いに来て、病室のドアの外で、「あの足はいつ治るんだろう?」と話した人がいるの。それが馬場さんの耳に入った。それで、「レスラーとはもう会いたくない」と言ったので、それからはお断りしたんです。そしたらみんな尚更心配してね。しょっちゅう、「馬場さんはどれくらいで復帰できますか?」なんて私に聞くから、「そんなの…私が復帰するわけじゃないんだからわかりません。馬場さんはちゃんと計算されていますよ。心配しなくていいんじゃないですか」なんて言って——その時点でそういう返事しか出来ないですものね。

——そういうこともあったから、元子さんも十三回忌までは言わなかったんですね?

そう、言わなかったんです。

——私も連絡が一切途切れて…その時点で事実この本の発行は頓挫しました(笑)。

(苦笑)そう、皆さん、電話をかけてもかけても…誰も出ないわけですよね?

——そう、誰も出ませんでした(苦笑)。

そう、私の仕事を手伝ってくれる姪からも誰にも連絡が行ってないから、みんなが、「どうなっちゃってるんだ? 元子さん、またハワイに行っちゃったの?」って。京平くんもたくさん聞かれて、「いや、元気だよ。大丈夫、大丈夫」なんて答えてくれていたんです。でも1月は馬場さんの命日だから、みなさんその頃にお参りしたいと言われるんだけど、それを、「十三回忌の準備でちょっと忙しくて…」なんてお断りするのにひと苦労して。他のことなら人に頼れるけれど自分の病気のことじゃ人の力を借りれないじゃないですか? あなたの元気を頂戴と言ったってもらえるものじゃない。お医者様の力を借りて自分で治すしかないんだしね。

――クリスマス時期に退院したものの、リハビリと十三回忌の準備をしなくちゃいけなかったわけですよね? それはそれで大忙しでしたね?

そう、新しいホテル(平成22年10月22日にザ・キャピトルホテル東急となり再オープン)になって、ちょっと不安だったのね。前までは安心してホテルにまかせていたんだけど、新しいホテルになってしまったから、大丈夫かな? って。ただ、病気になっても馬場さんのことをちゃんとしなきゃと思うとしゃんとしますね。3週間で退院――そう決めたら、ちゃんと帰ってこれましたから。そういうのがなかったら、もっとダラダラしていたんじゃないかと思うんですよ。

――少し固い質問になるんですが、この、つながった命をどう思いましたか?

これは前から思っていたことだけど、病気の人って、「生きたい」と思って戦っているわけでしょう? 馬場さんを見ていてもそうでした。「早く治さなきゃ」っていうのが常に伝わってきた。でも、自ら自分の命を粗末にする方がいるじゃないですか? ああいうのを見ると本当に腹立たしい。それと今ね、人の命も、本当に簡単にゲームみたいに奪うでしょう？　…命を絶っちゃったら元には戻れないんですよね。

――ひとつしかありません。

そう、まるでゲームですよ。リセットしたって戻れないのよって。もっと自分を大事にして欲しい。残った命――その時間で何かに役立つことをすればいいじゃないですか。世の中の為でもいいし、そんなに大きなことでなくてもいい。家族に対してでもいい。今回、私の命が危険な状態になった。生死の境をさまようところまで行ったか行かないかはわからないけれど、病気になって入院して、命が助かっても、状態によっては半身不随になった可能性も高いと思うんです。だからこそ自分を大事にして行かないと…元に戻りたいと言ったって戻れないですものね。

――まだ何かやらなきゃいけないことがあったんですね？

そう、神様が私を戻してくださった。いや、神様じゃなくて、馬場さんが、「もう少し、元気でいろよ」と言ってヘルプしてくれたんだと思うんですね。

――先頃小学館から、『ＤＶＤマガジン～伝説の激闘コレクション～ジャイアント馬場』の第一巻（全五巻）が発売されました。縁起でもありませんが、元子さんが力尽きていたなら、元子さんの監修でそれらが発売されることも、この本の発刊もあり得ません。僕は今のこの時代だからこそ、馬場さんの存在を思い出すこと――そこでいろいろ考えたり、頼ったり、安堵したりする場所が必要だと思うんです。

本当は今のこんな世の中だからこそ馬場さんが必要なんですね。だけど私だけが残っちゃったから…何をすればいいのかと、しょっちゅう考えるんだけど、何をしていいのかわからない。ひとりの力ってとても小さなものだし、だからと言って何もしないで自分のことだけを考えるのも何か違う。ある時期、そういうのはもういいやと思っていたんだけど、そうじゃない。何かできることをしなきゃって。今回の小学館さんのお話じゃないけれど、何かを頼まれれば、「はい、わかりました」というスタンスだけは持ちたいなと思ったんです。それをやることで元気が出る人が何人かでもいれば、それはそれで馬場さんの使命じゃないかって。馬場さんが直接は出来なかったことを、今、新しい形で私がお手伝い出来るんだったらそれはそれでいいことだなって。

――今、馬場さんが必要だと思われる、そのお話をさらに詳しく伺いたいんですが？

だってこんな世の中でしょう？　東北は…本当にいつ戻るの？　って感じですよね。新潟だって何度も地震や災害でやられちゃったでしょう？　本当にあちこちね。今までは考えられなかったことが世の中で起きすぎている。台風や豪雨や地震。そういう自然の脅威が私はとても怖いのね。自然の力がもの凄く強かったということ。みんな、まさか自分のところでは起きないと思っている人がほとんど。馬場さんなら何か出来たはず…と思うけれど………。ただ、馬場さんが常に持っていた、人としての優しい気持ちを、私も今、ようやく持てるようになったかなぁって…でも、それほどの余裕があるわけじゃないんです。

――阪神淡路大震災（平成7年1月17日）が起きた時、馬場さんはまず、全日本プロレスのファンクラブ、キングスロードに加入している被災者を調べ、真っ先に現地に駆けつけましたね？

そう、確かにキングスロードの方達のところには自分の足で行っていました。でも、それだけじゃないんです。いろんなところに行ってはみんなを励ましていました。ただ、それをだまってするんです。私も別にそうしたことを外に出したいと思わなかったし、それでいいと思っていました。

――元子さんに、「現地に行こうと思うんだけど？」というような相談はあったんですか？

というよりも、「どこがどうなっているんだ？」って聞いてきました。被災した明石の私の兄と話をしては、兄の車で一緒になって本当にあちこちマメに行っていましたよ。

――後々お聞きしたことですが、その頃のことは表にあまり出ていませんね？

それを出す必要はないんです。そこで馬場さんに会って、「ああ、馬場さんってあったかい人だなぁ」って思ったり、それで安堵して少しでも元気が出れば、それでいいんじゃないかって。


――突然来られて、「水があるか？　食べ物は要るか？」って馬場さんに言われたら、みんな泣いちゃいますよね？

後々キングスロードの人はみんな、「嬉しかった」と言ってくださいますね。電話をして、「何が欲しいの？」って聞いて車に積んで持って行ったりね。勝手な個人プレイをする人じゃありませんでした。そういうところがはがゆいと思う人もいるんだろうけど、「それが馬場さんじゃない？」って私は思います。「今から行きますよ」って記者を引き連れて行くのは馬場さんじゃありません。「あの時の写真をください」とみなさんに言われるんだけど、それがないんですよ（苦笑）。


――そんなことが目的じゃないですからね。被災者とのツーショットがある方がおかしいですよね？

そう、誰かが偶然撮った写真ならいざ知らず、撮ろうと思って行ってないですから。そんな写真があるわけないんです。私の実家も被災したんですけど、家の庭でたき火をした時の写真が一枚だけあるんです。馬場さんが頭にほおっかむりして笑っている写真。たき火の火が飛んだせいで着ていたジャージに穴があいたりして、何だかそれがおかしくて(笑)。ホント、あまりにも楽しげでしたから、みんなで写真を写したんですよ。

――東日本大震災の起きた3月11日、元子さんはハワイにおられたわけですが、向こうでニュースをご覧になったんですよね?

そうなんです。ただ、NHKの映像はまだ綺麗なんです。本当に見せちゃいけないものは見せていないと思うの。CNNとかBBCの映像は、そのまま見せていたから、それはもう凄まじい…まさに地獄絵ですね。それを見たら、もう、寝られなくなっちゃうくらいのもので…。

――原発事故の報道はアメリカの方が、よりシリアスだったでしょうね?

そう、「日本は間違っている。(事故を起こした原発は)すぐに水で冷却しなくちゃいけないのに、何でこんなに時間を空けているんだ…」ってみんな怒っていましたね。私に、「東京も危ないよ」っていろんなことを詳しく話してくれる人もいて。ハワイには凄くたくさんの日本人が逃げてきていましたよ。

――危険な日本から逃れようと? でも、東日本大震災が起こった、割とすぐ後に東京に帰ってこられましたよね？

そう、ハワイにいるみんなに、「日本に帰っちゃいけない」って凄く止められましたよ。だけどね、あれだけみんなが苦しんでいるのに私だけ何もせずハワイでのんびりしていることはできなかった。勿論、ハワイの人達だっていろんなところで募金活動をしていました。でも、そういうことじゃなくて、やっぱり日本に帰ってきてみんなと一緒になって何かをやれれば…そう思って帰ってきたんです。危険かもしれないのは百も承知。その時はその時ですよ。実際被災地に飛んで行かなくても、東京にいて現実を見つめ、その後、何かやれることがあればいいなって。

――まさに逆走ですからね？

そう、「日本は今、危ない。みんながこっちに来ているのにどうして帰るの？　あなたひとり帰ったって何も出来るわけないじゃない？」と怒った人もいる。だけど、「みんなと同じ環境の中にいて、いろんなことを考えれば何か出来るかも…」と言ったら、「そんなに甘いものじゃないよ‼」って…。

――馬場さんのことを考えたんじゃないですか？

馬場さんのことは…確かに、「馬場さんならどうするかな？」っていうのはいつも思うこと。そんな風に思うけれど………あのね、馬場さんと私は違うっていうのがやっとわかったの。

――今までと違いますね？

そう、馬場さんなら出来ることが私には出来ない。「馬場元子です。何かやれることはありませんか？」と出て行っても余計邪魔になるだろうし…。一度ね、（センダイガールズプロレスリング元代表の新崎）人生さん達がやっているボランティア活動のお手伝いをさせて頂こうと思って声を掛けたんです。最初は、「是非‼」と言われたんですけど…。

――炊き出しですね？

そう。だけど、「何しろ大変な状況です。しかも、雨が降ったり寒かったり……元子さんが来て病気にでもなられたら困る。少し落ち着いたら声を掛けます」って言われました。そこで私は、「じゃあ、炊き出しの足しに使ってください。少しだけど…」って。馬場さんだとすぐ行動に起こせたことでも、今の私にはその程度しかヘルプできない。でもね、小さなことならできるんですよ。避難している動物を拭いてあげるのにタオルが必要だと言われたら、それを集めて被災地に送るのね。でもね、送っても途中までは届くけれど、なかなか本当に必要なところに届かず無駄になったり…。

――それが日本の行政のはがゆいところですよね？

そう、当初の目的からすると、何をやっているのかわからなくなる。こんなにいっぱいタオルを集めてどうするのかっていう。結局避難先の体育館の床に敷けるから、そういうのも送ってもいいですかって電話をかけ、いいですよと言われたところにだけ送るっていう。

――私の家にも、縁あって預かった福島・双葉町の猫が未だ家にいます。双葉町に帰れるかと言ったら…飼い主も猫も非常に難しい状況だと思うんです。

動物達だって家に帰りたいでしょう…でも、無理ですよね。日本の議員さん達って何を考えているんでしょうね。「自分の家族がそういう目に遭ったら何をしてあげたいですか?」ってひとりずつに聞いてみたい。あれから一年半…もっと前向きになってくれてもいいんじゃないかって思いますね。

――大飯原発など、止まっていた原発がいよいよ動き出しそうです…。

危険じゃないなら、それをはっきり言って欲しいですね。確かアメリカでも今まで止まっていた原発が動き出して…ただ、アメリカと日本では広さが違うでしょう?

――しかも、新潟の柏崎・刈羽とか、地震の起きそうなところに立っていますからね。

そう、みんな海の側でしょう? 日本中のお魚が食べられなくなっちゃうのは嫌よね。

――閉塞感漂う日本…しかも不況。救いがないですね？

上を向いてモノを言わない私達も悪いと思うんです。横を向いて仲間同士でぐちぐち言ってるだけ。もっと上を向いて、「それはどうなっているんですか？」と言ってデモるとか…今、デモをやろうなんて人はいないじゃないですか？　何か起きて、一般人がそれに対して何かを訴えようとしたらミーティングしてデモるとか、そういうことしか出来ないわけでしょ。でも、それすらやろうとしない。議員さん達に意見を言うってことが必要だと思います。

――難しい質問になるんですが…馬場さんはピラミッドの頂点にいてみんなを束ねている時、一体どんな術をお使いになったんでしょうか？

……〝心〟でしょうね。話し合うということは勿論、心から相手のことを思ってあげるということ。メガネスーパー事件ってあったでしょう？

――はい、SWSのことですね？

あの時、馬場さんはとってもがっかりしていたんです。大事にしていた人達（＝レスラー）を引き抜かれた。でも、その時に私は、「馬場さん、私達にそれだけの資本＝お金がないんだから引き抜かれても仕方がありません。目の前にお金を積まれて動くのもプロじゃないですか？」って。そう言ったら、だまって凄く難しい、悲しい顔をしていました………〝プロだったら何をやってもいいのか〟って感じでね。馬場さんは、右も左もわからない人に手取り足取り教え育てていました。それが、「こっちは甘いよ」と言われ、ひょいって向こうに簡単に行かれたのが悔しかったんでしょうね。「持って行かれたものは仕方がないじゃないですか？　若い人を中心に、また馬場さんの王国を作ればそれでいい。これは勝った負けたじゃない…」なんて随分馬場さんに対して偉そうなことを言ったんですけど…。

――そこをぐっとこらえ頑張ったことによって団体がさらに大きくなりましたよね？

そう、あそこで切り替えをしなければいけなかったんです。でもね、あの年（平成2年）はいろんなことがあって…東京体育館がオープニング（平成2年5月14日に新しくなった東京体育館のこけら落としが全日本プロレスの興行）だったのに雨漏りがするくらいのひどい雨だったんです。そんな大事な時に雨なんて降ったことないのに…5時半くらいから降ってきて、お客さんが一番入ってくる時間帯にもの凄く降って………本当に凄い雨だったの。

――馬場さんが鶴田さんとタッグを組み、テリー・ゴディ＆スティーブ・ウイリアムス組とメインで対戦しました。その頃の馬場さんはメインイベントに登場する機会は少なくなっていましたが、ＳＷＳへの選手離脱のせいで選手層が薄くなり、自らメインイベントに登場しました。ついていない時にアクシデントは重なるというような、象徴的な試合でしたね？

そう、コーナーポストで背中を…脊椎のどこかを打ったんでしょうね。ズルズルとすべり落ち、しばらく立ち上がれなくなってしまった。で、手を見つめていた…手がしびれちゃったんでしょうね。私は、「あれ？ 馬場さんおかしいな」と思った試合でした。

――実はあの試合が私の馬場さんのベストバウトなんです。ずっと全日本プロレスを見続けていましたし、ＳＷＳによる引き抜き等で全日本プロレスが危機に見舞われていたことをファンはすべて知っていました。当時、天龍さんら選手の抜けた穴を馬場さん自ら埋めようと、まさにメインに出て身体を張った試合でした。テレビに向かって泣きながら、「頑張れ‼」と僕が叫んだ唯一の馬場さんの試合です。

……あれがベストバウトなんて……馬場さんは違うと言うでしょうね。本当にね、「ああ、こういうことって重なるんだなぁ」と思った。実際試合は（馬場さんがフォールされて）負けてしまったし…その日、興行が終わり、馬場さんと一緒の帰り道――あんなに降っていた雨があがり、大きなお月さまが出ていたの。で、馬場さんに、「ほら、帰りに雨はやみましたよ」と言ったら、「帰りにやんでどうするんだ…」なんて言っていましたけどね（笑）。

——（笑）元子さんにしか言えないですね？

外に出て見たら満丸の大きなお月さま（笑）…「降っちゃったものは仕方がない。でも、月夜もいいものですよねぇ」ってわけのわからないことを言って2人で帰ってきたのを覚えています。

——そういうお話を聞けると、「あんな試合の後に、そんな会話があったんだな」って何ともおだやかな気持ちになります。実際は大変だったとは思うんですが…。

…決して口では、「大変だ」と言わないですから…。

——馬場さんは、決してそういうことは言わないんですね？

言わないですね。みんな（心の）中へ中へと入れるから、時々私が、「心が痛くなったら、痛み止めを打ちましょうか？」って言うと、「ああん？ …そんな注射なんて必要ない!!」って。そんな話をしてしばらくすると顔がちょっと和らぐ。だからね、私のようなバカが横にいると頂度いいんだわ、とよく思っていました（笑）。

——時にはふさぎこんでいる時もあったんですね？

はい、ありましたね。

――そんな時は元子さんが優しく背中をポンと叩くという感じですか？

ううん、そうじゃない。それが私達の間では自然なことでした。片方が病んでいる時は片方が慰める。私の父が亡くなった時、馬場さんが心配したのは、私がどうかなっちゃうんじゃないかってこと。そう思うくらい心配してくれたし、それが私に直に伝わってくる。当時、私がバカなことを言ったのは、自分がこんな（塞ぎ込んだ）顔をしていたからなんだなって馬場さん自身そう思ったんじゃないかと思えるんです。

――過剰に言葉を重ねるよりも、〝何となくわかるよ〟という優しさですね？　それはまさに今の時代だからこそ必要という感じですよね？

人をグサグサ刺しちゃって、あまりにも言葉が尖りすぎていますね。そうかと言って肝心要なところをはっきり言わず逃げに回る、そんな政治家ばかり。それじゃ世の中は動かせないですよね。

――今、馬場さんが必要だと思われるのはそういうところなんですね？　静かに心に溜めるけれども、必要な時には動くということですね？

行動力がないんじゃないの。考えに考えて、もうひとつ考えて。これでもかって考えて行動をするから、決して誰も、「それは間違っています」とは言えない。だから今、こういう変な世の中だと、自分の経験したことだけでも話をしてくだされば、みんなも何か感じるところがあるんじゃないかと思うんですね。

——心なんですね？

そうだと思います。だから外国人レスラーがあれだけ馬場さんを慕ったんです。

——プロモーターとしてドライで厳しいビジネス感覚も大事だったでしょうけど、最も大切にしたのは心だったんですね。これは説明してわかってもらうことでもないですよね？

心ない相手に説明しても何もわかってもらえない。だけど、「馬場さんの前ではそんなことを言っちゃいけない、やっちゃいけない」と何故か思うようになる。馬場さんと接していると自分達も変われるという感じがするんでしょうね。馬場さんがじっと試合を見ているだけで、外国人達の間で緊張感が走るのが伝わってきます。彼らは何かにつけ、常に馬場さんを意識していましたよ。

——僕らファンは近くで馬場さんを見ているだけで満足でした。決して怖くはなかったですが、その存在がとてつもなく大きく、独特なオーラを放っていましたが？

はい、そういう感じでしたね。何故そうだったのか…私はナイーブじゃないのね（苦笑）…人が嫌がることでも平気で言う。でも、言ったら言った分だけちゃんと面倒は見るんですよ（笑）。でも、一応言わないと収まらない性格。口から先に言葉が出ちゃうんです。馬場さんはそうじゃない。気持ちを飲み込んで、考えに考える。これを言うと相手がどうなるか、どう思うかってところから考えて、そして意を決して言う。だから馬場さんに言われると、みんなが本当の意味で怖がったんです。

――しょっちゅう怒鳴りまくっている人の言うことは重くないですものね？

（笑）私なんかは、重くないなんて思われたら悔しくて、それ以上のことを言ってしまうわよ（笑）…。

――今、馬場さんの映像を拝見したり本を読んだり、こうして元子さんから馬場さんの話をお聞きすることは、生きる上での何かヒントや鍵をもらえるような気が僕はしています。

昔は若かったレスラー達が歳をとってきているじゃない？　今なら、馬場さんの偉大さがわかってくれたんじゃないかと私は思うのね。

――僕はレスラーではありませんが、今の年齢になって思うことが事実あります。あの年齢であれだけのことがよくやれましたよね？

一緒にやっていた時は、「自分達の方が動けます。こういうのはもう出来ないでしょう？」と思っていたでしょうけど、いざ、自分がその年齢に近くなった時――「あれだけのことがあなたはやれますか？　あなたより何十センチも大きい馬場さんがこうだったのよ」って。私はそれをしょっちゅう思っていたのね。この人達も歳をとったらわかるのかなぁってね。今、多分、「ああ、こうだったのか…」と思っている人が多いと思うんですよ。

――昔も今も、レスラーは強さだけでファンや後輩を魅きつけたがります。今、元子さんが言われたような、当時馬場さんに対抗しようとしていた若いレスラーが、今、影響力を持てているかというとまったくそうじゃないですよね？

持てていないのはね、まず、自分の身体が維持できていないからですよ。

――馬場さんは年齢なりの身体の維持や管理を怠らず、そして何よりも年齢を重ねてもオーラや影響力を失うことはありませんでした。

私も歳をとってきたから、日常でつまづいたり、年齢的なことでいろんなことがありますよ。でもね、歳だからいいやとは思わないの。どうしたらいいかな？　治せるかな？　っていろんなことを考える。誰かのせいにしない。馬場さんがあれだけ大きかったのに、よくやっていたなぁと思う時があるんです。例えばね、長いこと椅子に座っていてね。で、立ってすぐにパッと足が出なかったのね。

――（笑）私は既にその兆候があります。

ダメねぇ（笑）…そういう時、馬場さんは、「うーん」って一回伸びをして、それから、

「さぁ、帰るか」って歩き出すんです。一緒に歩く時、「馬場さん遅いなぁ…早く、早く」と私はよく思ったものです。せっかちでしたからね(笑)。今の私がちょうどそんな感じなんです。周りのみんなが、タタタッて先に歩いて行っちゃうでしょ? みんな歳をとったら、多分感じることだろうけど今では無理なんだなぁって。私もそうだったから、それはしょうがないと思うのね。だけどね、もし、リングに上がるとしたら自分の身体を70%は動けるようにしておいて欲しいんです。歳をとったら100%は無理ですよ。若い時にやれたことが今はやれない。それは当たり前のこと。そこまでして欲しいとは思わないけど、せめて70%は——お客さんに見せようとするならば、もう少し自覚は必要なんじゃないかと思いますね。

——とても失礼な言い方になりますが、馬場さんが60歳までリング上で戦い続け、それが大病を患ったことでプロレスラーとしてのキャリアが突如ストップしてしまった。それが逆に良かったのかなぁと思うんですが?

あれ以上やれたか? いつまでやっていたのか? は誰にもわからなかったし、馬場さん自身もわからなかったと思います。勿論、私にもわからなかった。それまで元気だったのに……最後の(日本)武道館(平成11年12月5日)をやって、それで終わったわけでしょう? ……あの、武道館の時、何か変だなぁと思いつつ私は見ていたんだけど……何と言うのかな…元気がなかったのね。

――今、改めてお写真を拝見するとそう感じますよね？

武道館の時は馬場さんが張り切れる相手だというマッチメーク（ジャイアント馬場、ラッシャー木村、百田光雄VS渕正信、永源遙、菊地毅）だったと思うけれど、それでもやっぱり身体の調子が悪いから元気がなかった。だけど、ファンの人も周りも、まさかあれが最後の試合になるとは……誰も思っていないわけですよね。翌年の1月2日から始まるシリーズはお休みしたんです。でも、レスラー達も誰もが馬場さんに何が起きているのかわからない。そんな風にして私が馬場さんを誰にも会わせなかったのはね、苦しそうな顔や、皆さんのイメージにない馬場さんの姿を見せたくなかったからです。あの、ニコッと笑った馬場さんの笑顔がみんなの心の中に残っていてくれたらそれでいい。それがいつでも思い出せるのがいいなって。

――突然の……ショッキングな出来事でしたが、本当に見事な幕引きでした。

でもね、自分で引いたわけじゃなかった。仕方なく引かれてしまったんですよ。馬場さんにとっては心残りだったでしょうね。入院してから私に聞いてきたのは、「いつ退院できるんだ？」ってこと。「もう少ししたら家に帰りますか？」って騙し騙し言っていたんだけど…多分これは……馬場さんがいい人だったから、あの幕引きは神様からのプレゼントだったと思うんですよ。

――……深い話ですね。

自分で幕引きされたわけじゃないと私は思っています。もっとやりたかっただろうと思う。でも、神様が、「もういいよ……笑顔だけ残しておけばいいんだよ」って。そして、天国に連れて行ってくださったんだと私は思います。

――僕が初めてインタビューさせて頂いた七回忌前の頃は、とてもそんな心境ではなかったですよね？ 元子さんがそこまで思えるようになった…凄いことですねぇ。

いや、そんなに凄いことではないけれど、私もね、馬場さんはいつまで出来たかなぁと思うこともいっぱいあった。だけど今は、ご褒美だったんだなぁって思っています。この本では以前も話していますけど、ノアに行った人達に、「全日本の株をください」と言われたこと。でもね、あの時点で馬場さんのものは何もあげたくなかった。馬場さんのことをちゃんと考えることが出来ない人に何もあげたくなかった…そういう無茶を言ったから、袂を分かったんじゃないかと私は思うの。

――あの時期にそんなことを言わなければ…。

私は株をちゃんと渡しています。いつか…何年か後か…それはわからない。でも、すぐには渡せませんでした。馬場さんがとても大事にされていたものだから……私自身が何も考えられない時に、そういうことを言ったら嫌だって言うに決まっています。

――ノアに行かれた方も焦りがあったんでしょうね？

上の人が下の人のことも考えて、もう少し待ってみようと言ってくれれば良かったんです。ただみんなは、何かをやればうまく行くと考えていた……興行ってそんな生やさしいものじゃないんです。表面上は出来るとは思うんですよ。

――ノアは昔の全日本プロレスの代わり…僕はそう思いたかったんです。そう思って馬場さんの亡くなった喪失感を埋めたかった。時間が経ってみて思うのは、全日本プロレスは馬場さんのものだったということを痛感しました。

そう、馬場さんのものでしかないの。

――馬場さんにしか牽引出来なかった団体だったんですね？

今、全日本プロレスが40周年と言ってるけれど40周年じゃないの。馬場さんの全日本は30周年で終わっているんです。会社名は同じだけれど、後の10年は違うものなんです。

――時間が経てば経つほどわかることでした。

あまりよく知らない人は、〝全日本〟をひと括りにしているんだろうけど、私の中では完全に違います。だって、今の全日本の人が、「全日本は馬場さんとは何の関係もありません」と外の人に言っているんです。言っていいことと悪いことがあるとは思ったけれど、ああ、そういうものかって…。

――そんなことがあったんですか？

そう、だから余計に30年で終わり。別に全日本という名前を使ったって構わない。ただ、馬場さんは関係ないと言うってことは、馬場さんは要らないと言っているのと同じ。だから、30年の全日本と40年の全日本を同じだと断じて言うことはできないんです。

――それには賛同します。時間というものは不思議なもので…この本でも明らかですが、僕はある時期、唯一全日本を引き継いでいるのがノアだと信じてきました。でも、ダメでした…。

それはね、彼達も考えに考えて、新しいものを作って行けば良かったの。

――作れなかったんだと思います…。

ノアでも何でもいいから、自分達なりに研究に研究を重ねて新しいものを作ってやって行けば良かったんです。ただ、全日本でやっていたことをそのままやっちゃったんですよ。だって何年か前は、棚橋さんだって、「ノア、ノアです!!」とずっと言っていましたよね？

――はい、その時の原稿も今回の本には残っています…。

私は、「違う」って言ったでしょ？

――いや、馬場さんを失った喪失感。プロレススタイルやスピリッツも含めて、ノアが受け継いだと思いたかった……そのファンの気持ちも是非ご理解頂きたい……あの時、行き場がなかったんです。

…理解できないわけじゃないし、理解しないとは言わない。だけど、馬場さんを語るのと一緒にされたくはないっていうのがあるんです…。

――いや、馬場さんと一緒にはしていません。

でも、「全日本より、ノアの方が全日本じゃないですか？」と言っていたじゃないですか？

――……そう思いたかったんです。

思われるのは勝手だけど、私としては、「違う」と言うしかないんです。

――当たり前ですが、僕にとって馬場さんは別格なんです。ただ、馬場さんの教え子達には何とか頑張って欲しい…そんな願いが間違いなくあったんです。

でもね、全日本から出て行っちゃったんですよ（苦笑）…そこはどうしてくださるの？

――（苦笑）いや、それは……出て行かないストーリーもあったんでしょうけど……。

あのね、彼達は私がすべてをコントロールすることが嫌だったんだろうと思うのね。私はそんなバカじゃない。私は馬場さんと一緒じゃないとその時からわかっているし、この世界で生きて行こうなんて思っていなかったんです。

――今でもそうですが、僕もよく叱られますが……元子さんが怖いんですね。

いや、それは確かに悪いことをした人に対して私は怖い人でしょう。でもね、悪いことをしていない人にとって怖いことはありません。

――後ろには馬場さんがついておられますからね？

ううん、馬場さんは王道を歩いているの。私は王道を歩こうったってレスラーじゃない。馬場さんの変な付き人なの（笑）。リングには一緒に上がれない付き人なんですよ。

――馬場さんと元子さんは、レスラーと付き人というような簡単な関係じゃありません。

馬場さんと私の間は平等なんです。でも、馬場さんが外に一歩出たら私は必ず引きます。馬場さんの前には出ません。「私が私が」ってことは一度もやっていません。

――そこを僕やレスラーはちゃんとわかってないんですよね？

わかってないですねぇ（苦笑）。

――頂点である馬場さんが亡くなられて、俺達はこれからどうなる？　船頭＝元子さんになってしまうのではないかという…。

いや、「私はやりません」と言っていました。

――そこが信じられなかったんでしょうね。

そう、「それなら株をください」と……いずれあげることは出来ても、今の時点で…まだ馬場さんが亡くなって何ケ月かしか経っていなかったですから。私が社長になりますとも、みんなと一緒にやりましょうとも言っていません。馬場さんとだったから私はやれたの。他の人とはやれない。

――デリカシーのなさでしたね。今思えばあの時袂を分かったのが良かったのかもしれませんが…。

いや、それは外の人だから言えること。馬場さんのことを……まぁ、この言葉を言っちゃいけないのよねぇ(苦笑)……私から言わせれば、SWSと同じです。

――誰に育ててもらったんだということですか?

ううん、そうじゃない。この業界の将来のことを考えてくださいってこと。そんなことをやっていいのか悪いのかをまず考えればいい。「元子さんが亡くなったら会社はどうなるんですか?」みたいなことを言ったり、株のことだったり…もっと将来のことを考えるべきなのに…。

——そこまで言われているんですよね？

馬場さんは1月に亡くなられた。そして2月…3週間後にそう言われたの。そういう人達に馬場さんの大事なものを分けようとはまず思わないですよね？

——言っていいことと悪いことがありますね？

そう、馬場さんは全日本プロレスを27年3ヶ月やられて…後の2年7ヶ月くらいは私がやったんですが、それだって私はやりたくなかったけれど、残された人達にやって欲しいと言われ仕方なくやったという感じでしたから。

——その頃僕は新潟駅行きの上越新幹線のホームで元子さんをお見かけしています。元子さんはおひとりで…お声掛けしようと思いましたが…。

ああ、多分、ひとりで電車に乗って行ったんです。もう、みんないない時でしょう？

——そう、いない時です。

そうでしょう？　いる時は一度も行ったことないもの。あの時ね、何か用事があったのね。

——お辛そうな顔をしていました。声をかけられる雰囲気じゃなかったですが…。

だって馬場さんのこと以外、何処にも抜け出れていなかった頃ですよ…ある日、会社から自宅に向かってタクシーに乗ったのね。そしたら、「僕、知っています。馬場さんのお家ですね？」って返事をしてくれて。それから私のことをなぐさめてくれたの。タクシーの運転手さんにもそう言ってもらえるなら頑張らなきゃって思ったわね。

――声を掛けられる方もいたと思いますけど、馬場さんを見るように、遠くから見守っていたファンも多いと思いますよ。

今までこんなことは言ったことないけれど…割とみんな、私のことをキツいキツいと言うけれど（苦笑）…私だって随分キツいことを言われたんですよ。嫌なことは嫌だったし、だからこそ話し合いましょうと言って、話し合いもしたの。で、私と話をすると、「はい、わかりました」と言ってくれるの。でも、そこからテレビ局が入るとダメなのね。「そういうことなら、お好きにどうぞ」って言うしかなかった。みんな、それぞれ生きて行かなくちゃならないわけでしょう？　私がみんなのことを養うわけじゃない。最終的には、「どうぞ」って言うしかなかったんです。

――長い時間を経てプロレス界を見渡してみると…ファンも多いに反省させられることが多々あると僕は思っています。ただ、馬場さんを失ったことはとてつもなく大きくて…どうか、わかってください。

わからない（笑）…みんなお山の大将になっちゃってね。それじゃあダメなのよね。

――私は事実プロレスを見なくなりました。プロレスが好きだけれど行き場を失ったファンや馬場さんのことを思い出すと何故かホッとする。そんな人達に読んで欲しいインタビュー集です。

世の中が変われば考え方も変わります。ただ、馬場さんの考え方は馬場さんが亡くなってからもずっと変わっていないんです。どんな人だったのかというよりも、普遍的な生き方や考え方を強く持っていました。そういうところをぜひ参考にして欲しいですね。

——新潟という同郷で生まれたことを僕は誇りに思っています。こんなに馬場さんのことが好きなのに、現世では何もできなかった…僕は来世で馬場さんのお世話をさせて頂きたいんです。そこで元子さんにお願いがあるんですが、馬場さんへの紹介状を僕に書いて頂けないでしょうか。僕もある程度歳を重ねていますし、いつ倒れるかわからないですし(苦笑)…。

(苦笑)それは私の力では無理です。ただ、この世の中でいいことをしていれば、馬場さんの傍に行けるし、悪いことをしていれば馬場さんの傍には行けません。

——僕は行けないかもしれないですねぇ(笑)。

(苦笑)そう?　だから私は悪いことはしないのね。馬場さんの傍に行きたいから。

——ただ、僕は馬場さんと面識がないんです…。

でも、「ファンです」って行けば、「そうか」って言うでしょうね。ただ、馬場さんのところに行くまでには、いろんな道のりがあるんだし、あなたはまだ下界で働かなくちゃいけないでしょう（笑）？

――（笑）確かに…来世で僕はプロレスラーになるのは無理なので…是非とも全日本プロレスで働かせて頂きたいと思っています。だから紹介状を…。

それは私が決めることじゃありません（笑）…向こうで馬場さんがどんな生活をしているか……もう、仕事のことを考えないで楽しく遊んで過ごされていると思うんですよ。

――（笑）そうですかぁ…じゃあ、紹介状は書いて頂けないんですか？

私がそんなのを書いたって通用しないんじゃないですか（苦笑）？

――「この人は新潟の人。傍に置いてあげてください」とか…書いて頂けなさそうですねぇ（苦笑）。

（笑）はい、書きません。まず私が馬場さんのところに行くにはどうしたらいいかな？　って考えているくらいですから…。ホントでもね、馬場さんは天国でいろんな人と一緒に楽しく過ごされていると思うのね。

――アンドレ（ザ・ジャイアント）とカードをしたりしていますかね（笑）？

（笑）そう、ゴルフをやったり麻雀やったり、絵を描いたり、行きたいところにあっちこっち行ったりしていると思います。そうしながらも私のことを見守ってくれていて。だから私は悪いことが出来ないし、下界でちゃんと馬場さんのことを守っていなきゃいけない。でもね、それは義務じゃないの。下界で馬場さんの為に私が何かをする。馬場さんは天国で楽しく過ごしている。ただ、今は離れて暮らしているだけ。いつか天国に行きたいんですよ。馬場さんの傍に行きたいと思うと、悪さをしちゃいけないなと思いますね。

——ひどい悪さはしていませんので（苦笑）…その為にも僕は現世で精一杯働きます。そうですね…そんなね、紹介状を持って行こうなんて（苦笑）…。

——一言もお話をさせて頂いたことがない…私はファンですけど馬場さんから認知されていません。

ファンの人達だって、いっぱいそういう方がたくさんいらっしゃるでしょ？

——そう思います。こうやって元子さんにインタビューさせて頂けるのが…新潟人の私で申し訳ないんですけど（苦笑）…本当にごくごく限られた人だと思います。ラッキーだったなと感謝しています。

私はね、まず、プロレスが嫌いな人のインタビューは受けないんです。この間も某局からお話を頂いたんだけど、「あなた、何も馬場さんのことをわかってないわね。無理ね」と言っちゃったのね(笑)。そしたら、「じゃあ今度、研究し、練り直してお話をさせて頂きます」と言われ、「そうしてください」と言ってお断りしたんです。映像で嘘をつかれるのも嫌なのね。

——元子さんは1分話せば、馬場さんやプロレスが好きかどうかわかると言っておられましたね？

1分もいらないの(笑)…すぐにわかります。別にプロレスが好きでなくたっていいの。馬場さんをわかってくださればいい。「あなた、馬場さんのこと知らないでしょう？　馬場さんの試合を見たことがないでしょ？」「…はい」「そんな人に何が出来るの？」っていう。でもね、そういう人の数の方が段々多くなってきたのね(笑)。

——(笑)確かにそうですね。馬場さんの話がたくさんお聞きできて、しかも、こうして本にまとめさせて頂けて幸せです。本当にありがとうございました。

どういたしまして。こちらこそ、ありがとう(笑)。

あとがき

もう十数年も前のことになりますが、
棚橋さんが叔母にインタビューを重ねていられる現場に
私は何度か立ち会わせていただいておりました。
その後、本にまとめるべくご尽力されていた棚橋さんのご苦労をよく存じ上げております。
残念なことに生前には実現できなかったその書籍化が、
今回、棚橋さんの没後三年・叔父の没後二十五年・叔母の七回忌という節目の年に
こうして発刊される運びになったことに、とても感動しております。

叔母の言葉をこれだけまとまった形で世に出させていただくことは、
おそらくもうないと思います。
話し言葉は文字になるとニュアンスが変わることが時にあります。
叔母の気持ちが読者の方々に真っすぐ伝わると良いなと思いながら、
読み進めさせていただきました。
拝読しながら、棚橋さんのお声や表情が私の中で溢れるように思い出されました。
同時に棚橋さんの的確なご質問に応えている叔母をも感じ、
その空気感と共にリアルに再現していただけたと思います。

叔母は、叔父への尊敬を感じない方にはそっけなく、時には無視さえしてしまいがちでした。
棚橋さんには真心を感じたからこそ心を許し甘え、
時に本気になって言葉を発していることが伝わってきます。
棚橋さんを信頼させていただいた叔母から紡ぎ出された言葉を、
いよいよ書籍へと具現化くださったことに感謝の気持ちでいっぱいです。

天の上では今ごろ、棚橋さんが叔父のところへご挨拶に行ってくださっているのではと感じます。
そんな棚橋さんを叔母が目ざとく見つけ、
「あなた、どうしてここにいるの？」とお声がけし
「馬場さん、この方、何度も何度もインタビューをしに東京にもいらしたんですよ！」と
棚橋さんをご紹介させていただいているのかなと…。

天界にいられます棚橋さん、そして叔父叔母の想いを
ご一緒にカタチにさせていただけましたこと、心からありがとうございました。

２０２４年7月7日
株式会社 H.J.T.Production　緒方理咲子

インタビュー書籍

馬場さんの話、
もっと聞かせてください

語り手 馬場元子

聞き手 棚橋和博

企画・編集
株式会社ジョイフルタウン
編集ディレクター：笹川清彦
デザイン：弦巻 剛・原稿校閲：中野俊彦・販売管理：山田節子

監修&写真提供
株式会社H.J.T.Production 緒方公俊・緒方理咲子

参考文献
ジャイアント馬場『王道十六文 完全版』（ジャイアントサービス）
『オレの人生・プロレス・旅』（ジャイアントサービス）
『馬場伝説』（筑摩書房）
『ネェネェ馬場さん』馬場元子（講談社）　ほか

特別協力
棚橋美稚誉・棚橋祐太

発行人
種村孝樹（株式会社ジョイフルタウン）

発行元
株式会社ジョイフルタウン
新潟県新潟市中央区和合町2-4-18
tel. 025-288-1773　fax. 025-288-1774
mail. info@joyfultown.jp
※よろしかったら本書の感想をぜひメール等でお寄せください。
スタッフ及び関係者間で共有します（公開はいたしません）。

印刷
株式会社D.I.Palette

2024年7月25日発行
定価2,090円（本体1,900円＋税10%）